王嗣敏 著

细说史记三千年·**名士列传**

华夏出版社

图书在版编目（CIP）数据

细说史记三千年. 名士列传 / 王嗣敏著. -- 北京：华夏出版社有限公司，2022.7

ISBN 978-7-5222-0211-2

Ⅰ. ①细… Ⅱ. ①王… Ⅲ. ①中国历史－古代史－纪传体 ②《史记》－通俗读物 Ⅳ. ①K204.2-49

中国版本图书馆CIP数据核字（2021）第238138号

细说史记三千年·名士列传

著　　者	王嗣敏
责任编辑	张　平　曾　华
出版发行	华夏出版社有限公司
经　　销	新华书店
印　　刷	三河市少明印务有限公司
装　　订	三河市少明印务有限公司
版　　次	2022年7月北京第1版 2022年7月北京第1次印刷
开　　本	890mm×1280mm　1/32
印　　张	7.5
字　　数	179千字
定　　价	55.00元

华夏出版社有限公司　地址：北京市东直门外香河园北里4号　邮编：100028
网址：www.hxph.com.cn　电话：（010）64618981
若发现本版图书有印装质量问题，请与我社营销中心联系调换。

/ 目录 /

兵家奇谋

第一章 / 孙武子举重若轻　练女兵举轻若重　/ 003

第二章 / 十三篇以战止战　真兵法以杀止杀　/ 011

第三章 / 图富贵杀妻求将　论用兵孙吴齐名　/ 017

第四章 / 受排挤魏国难存　推法令楚地丧命　/ 022

第五章 / 下重手庞涓妒贤　施小计田忌赛马　/ 027

第六章 / 兵无常两番攻魏　马陵战孙膑成名　/ 031

诸子百家

第一章 / 尺有短寸有所长　错上错罢黜百家　/ 039

第二章 / 道德经真言五千　南华经庄周逍遥　/ 044

第三章 / 法家人孤臣孽子　变法者奋不顾身　/ 047
第四章 / 学儒学不学儒教　重在行知行合一　/ 056

孟尝君传

第一章 / 海大鱼意境深远　孟尝君食客三千　/ 067
第二章 / 过函谷鸡鸣狗盗　不择言飞来横祸　/ 072
第三章 / 为齐相频频遭妒　做薛公时时心惊　/ 076
第四章 / 焚债券孟尝市义　寻退路冯谖救危　/ 080

平原君传

第一章 / 为轰动矫情杀妾　佳公子不识大体　/ 091
第二章 / 救邯郸毛遂自荐　为大局虞卿进言　/ 098

信陵君传

第一章 / 屠狗辈大隐于市　信陵君窃符救赵　/ 107
第二章 / 魏公子礼贤下士　汉高祖独慕信陵　/ 116

春申君传

第一章 / 能为楚不辱使命　保太子捷足先登　/ 125
第二章 / 时乱事危谋退计　世上再无吕不韦　/ 131

刺客列传

第一章 /	看成败曹刿论战	一言出驷马难追	/139
第二章 /	不受金孝子为母	怕留名聂政毁容	/145
第三章 /	燕国危寄望刺客	易水别荆轲不还	/149
第四章 /	抛生死图穷匕见	致命击始皇惊心	/158

远交近攻

第一章 /	昭王立魏冉功大	出使齐范雎受辱	/165
第二章 /	用化名死里求生	定国策远交近攻	/170
第三章 /	强公室堵塞私门	念旧情绨袍之义	/179
第四章 /	抓魏齐冤冤相报	受株连应侯势危	/183
第五章 /	荐蔡泽范雎辞相	展雄才人无遗恨	/188

李斯列传

第一章 /	楚小吏胸怀天下	升客卿仕途光明	/197
第二章 /	谏逐客声名鹊起	助秦皇统一海内	/204
第三章 /	推郡县力排众议	焚书坑灰烬未冷	/207
第四章 /	沙丘宫始皇归天	李丞相助纣为虐	/212
第五章 /	秦二世丧心病狂	上奏章火上浇油	/217
第六章 /	想阻拦为时已晚	国与家玉石俱焚	/225

兵家奇谋

理国无难似理兵，兵家法令贵遵行。
行刑不避君王宠，一笑随刀八阵成。
　　　　　　　　（唐）周昙《孙武》

吴起南奔魏国荒，必听公叔失贤良。
无谋纵欲离安邑，可免河沟徙大梁。
　　　　　　　　（唐）周昙《公叔》

纵横才略一孙卿，底事将军气未平。
只此便知优劣了，何劳树下看输赢。
　　　　　　　　（元）张养浩《庞涓》

第一章　孙武子举重若轻　练女兵举轻若重

孙武可是大名鼎鼎，基本上只要是中国人，就都知道他。孙武的著作《孙子兵法》是军事著作的杰出代表，是中华民族的璀璨瑰宝，集思想性与文学性于一身，流传两千年不衰，成为军事史上不朽的丰碑。全书六千字左右，博大精深，高屋建瓴，文采斐然，这和老子的《道德经》(《道德经》五千余字，但包含了对宇宙和人生的全面思索，道家学徒挂在嘴边的"修习五千真言"，就是指研读《道德经》)有异曲同工之妙，都文体短小精悍、思想兼收并蓄。

《孙子兵法》的六千字也成为中国军事学的滥觞，后世的兵书很难超越它的战略框架。这部著作解决了战略层面的问题，告诉人们要向何处去，以及怎么走等。本篇根据《史记·孙子吴起列传》而作。

随着时代的发展，《孙子兵法》早已超脱了军事学范畴，深入政治、外交等诸多领域，而且从古至今，这部书不断被注释、解读、演绎。比如有一本《十一家注孙子》，其中就收录了曹操的解读。曹操作为军事实践者与战略家，对这部书喜爱备至。史书上记载，他经常研习兵书战策，手不释卷。他的案头书，肯定少不了这本《孙子兵法》。

这部书被翻译成二十多种文字流传海外。据说，美国的军校把《孙子兵法》一书列为选修课教材，书名译为"The art of the war"，回译成中文为"战争的艺术"。据说，拿破仑被流放到厄尔巴岛以后读到《孙子兵法》，慨叹相见恨晚。此说存疑，但大战略家之间，心意应是相通的。据说，日本松下电器创始人松下幸之助说《孙子兵法》是让人顶礼膜拜的神灵。据说，这部书流传到日本的就有一百六十多个版本，而中国近年的《孙子兵法》研究热潮是由日本等国带起的，这真让人惊诧！

孙武是齐国人，他所处的时代是春秋末期的姜氏齐国时代，但他本人却是田氏齐国始祖田完的后裔。

田完本名叫陈完，是陈国的贵族。陈国发生了动乱，陈完为躲避祸患，逃到了齐国。当时，齐国是齐桓公当政。陈完到了齐国以后改叫田完。田完在齐国站稳了脚跟，其家族势力逐渐成为齐国政坛举足轻重的力量。

在田完的六世孙中，最正统的继承人是田乞，此人后来成为姜氏齐国的国相。田完的十世孙田和篡夺了姜氏齐国的政权，田完后世孙中的"明星"就是"一鸣惊人"的齐威王。

在田完的六世孙田乞时代，姜氏齐国是齐景公当政。当时，田氏的远族田穰苴威名显露。田氏家族还有一个叫田书的，也战功赫赫，被齐景公大加封赏，宠爱备至，赐姓"孙"。据说，此人就是孙武的爷爷。孙武的生卒年月史书上没有明确的记载，但孙武能有这么大的成就，应该有家学渊源。

姜氏齐国的创始人是辅佐周武王灭掉商朝的那个姜子牙。姜子牙是

第一章 孙武子举重若轻 练女兵举轻若重

军事家和政治家,他的《太公兵法》虽然失传(战国时有人假托姜子牙的名义写了本《六韬》,也叫《太公六韬》,分文韬、武韬、龙韬、虎韬、豹韬、犬韬六部分,虽然它是假托之作,但能放在姜太公身上,不能不说是另一种形式的赞扬和崇拜。还有人假冒刘伯温的名义写了本《百战奇略》,也是出于同样的思考,因为民间传说刘伯温前知五百年,后知五百年),但他的思想对齐国的军事文化有深远的影响。姜子牙是中国军事理论的奠基人,并且他把军事哲学应用于治国理政,注重实效,不尚空谈。

孙武生活在春秋末年。在此之前,中国经历了无数次兼并战争,战争案例十分丰富。孙武分析案例,思索"以战止战,以杀止杀""不战而屈人之兵"的方法。

有这种大时代背景、社会的熏陶、家学的渊源、孜孜的求索、勇于实践的精神,孙武创作出这承前启后、继往开来的兵学经典绝非偶然。

◎ 春秋战国三大兵学中心

齐国文化系统	吴楚文化系统	魏国文化系统
齐文化辐射圈兵学中心	吴楚文化辐射圈兵学中心	魏文化辐射圈兵学中心
·代表作品·	·代表作品·	·代表作品·
《孙子兵法》《孙膑兵法》《六韬》《司马穰苴兵法》	《伍子胥兵法》《范蠡》《楚兵法》《大夫种》	《吴子》《李子》《尉缭子》《魏公子兵法》

孙武的祖辈田书、田穰苴都是齐国杰出的将领。齐威王组织人编写《司马兵法》时把田穰苴列入其中,所以《司马兵法》又叫《司马穰苴兵法》。司马迁看过这本书,对田穰苴赞赏有加,认为他帮助齐景公打败燕、赵的入侵只不过是牛刀小试。

对于一个人来说,青少年时期所受的教育将是他终身最宝贵的财富。孙武在青少年时期应该积累了宝贵的理论知识,为他日后积极投身社会实践奠定了基础。

孙武成年以后,姜氏齐国风雨飘摇。原来,齐景公("孺子牛"的主人公,晏子侍奉的国君)临死之前,立了小儿子晏孺子为国君。但是,国相田乞却与齐景公的另外一个儿子姜阳生关系密切。晏孺子的顾命大臣是国惠子和高昭子,田乞与这两个人有宿怨。田乞怨恨这两个人谗毁自己的族人田穰苴,致使田穰苴抑郁而死。因此,田乞挑拨离间,率领大臣诛灭了国氏和高氏,并立了姜阳生为齐悼公。鲍牧与齐悼公不和,齐悼公在继位四年以后被诛杀。这一段动荡的岁月被称为"田、鲍、国、高四族谋乱"。

孙武作为田氏的远房族人,不愿蹚这浑水。田氏在当时属叛逆,前途未卜,有随时被剿灭的风险。孙武不想陷在这种政治倾轧中,于是远走他乡,南下来到吴国。

孙武到了吴国以后在姑苏(今苏州)附近隐居下来,研读兵书战策,撰写并不断修改自己的著作《孙子兵法》。这时,他结交了伍子胥。伍子胥是当时杰出的军事将领。伍子胥与孙武志同道合,两个人经常在一起探讨军事问题。孙武在著述的同时,也密切关注吴国的政局动向。这时的吴国正在酝酿一场政治风暴。公子光在伍子胥的谋划下,派专诸刺死了吴王僚,自己成功夺位。于是,公子光变身吴王阖闾(也作"阖庐",本册统一用"阖闾")。阖闾上台以后着手革新政治,想实现自己的宏伟抱负。他广泛招揽人才,起用能臣贤士。经伍子胥的大力推荐,隐居多年、早已参透兵法奥秘的孙武走上了风云变幻的历史舞台。

孙武与阖闾两个人一见面,阖闾就说:"您的十三篇兵法,我都读过了。您真是个通天彻地的人才。您的兵法能试着应用吗?"孙武说:"我的兵法,不但可以用在士卒身上,即使妇人女子,也可照用不误。"

第一章　孙武子举重若轻　练女兵举轻若重

阖闾鼓掌大笑，说道："您这话可太迂阔了，有谁能让女人舞刀弄剑呢？"孙武说："您可以把后宫宫女叫来，我们当场演示。如果我言过其实，甘愿受罚。"阖闾当场答应，把自己后宫中一百八十名娇滴滴的美人都叫了出来。

孙武把她们分成两队，让阖闾的两个宠姬担任正副队长。孙武说："行军打仗，先要申明号令，制定规章制度，然后才能赏罚分明。这虽然是一次小的军事演习，但是这些程序一样也不能少。"他把军规军纪、赏罚标准当众申明了一遍，问宫女们听没听懂。她们都说听懂了，孙武才开始练兵。

孙武问："你们知道前胸、后背和左右手吗？"宫女们回答说："知道。"孙武说："向前看，就是顺着前胸所对的方向直视；向左转，就是向左手所在的方向转动；向右转，就是向右手所在的方向转动；向后转，就是向后背对着的方向转动。你们都明白了吗？"宫女们都回答："明白了。"规则宣布完毕，孙武就命令在阵旁陈设武器以壮军威。然后他三令五申（成语"三令五申"来源）。孙武反复强调军事规则：一不准扰乱队伍，二不准言语喧哗，三不准明知故犯。

孙武觉得说得很明白了，于是命令向右转。宫女们边向右转边肆意嬉笑，不甚整齐。孙武说："法则不明确、号令不熟悉，这是将帅的失误。"他又三令五申，讲明军事规则，然后命令向左转，宫女们还是东倒西歪，哈哈大笑。

孙武大怒道："规则没有宣布明白，这是将领的过错。既然已三令五申，还明知故犯，这是士卒的错误。执法官，这种行为按军法要怎样处置？"执法官说："应当斩首。"孙武说："这么多人违令难以杀尽，只把正副队长杀掉即可。"左右看孙武发怒，不敢违令，便把阖闾的两个宠姬绑了起来。

阖闾在看台上看到孙武要动真格的,大吃一惊,赶忙派使者传令说:"我已知道将军善于用兵了,但请网开一面,饶了这二人。我若离开这二人,食不甘味,寝不能寐。请不要杀她们。"孙武说:"军中无戏言。我既然已受命为将军,就应铁面无私。况且,将在外君命有所不受。"于是孙武命人杀了这两个队长来示众,并且另外找了两个宫女来担任正副队长。

这些宫女们早被吓破了胆,战战兢兢,不敢看孙武。孙武一声令下,她们左转、右转、前进、后退、跪伏、起立,左右进退,回旋往来,都中规中矩,丝毫不差,而且自始至终鸦雀无声。

孙武觉得满意了,就派人向阖闾报告说:"队伍已训练整齐,您不妨亲自视察,任凭您的心意使用。即使让她们赴汤蹈火,也没问题。"阖闾说:"请您停止训练回去吧,我不想下去看了。"他现在正心疼自己的两个小美人哪,别的事都不考虑了。孙武说:"您这是叶公好龙,只是表面上喜欢我的兵法。"

阖闾因思念爱姬,有不用孙武的意思。伍子胥说:"军事不尚空谈,若不能推行军令,必败无疑。将领以果敢坚毅为高尚品格,美色易得,良将难求。您若因此而抛弃孙武,天下贤士肯定会望而却步,那时您的雄图霸业,肯定就成泡影了。"作为胸怀大志的君主,吴王阖闾终于用理智战胜了情感,任命孙武为将军。

"孙武子练女兵"体现了依法治军的思想。孙武斩吴王的宠姬其实是在实践自己所著的《孙子兵法》的《计篇》中的理论。他对将领提出五个要求:足智多谋、言而有信、善待士卒、勇敢坚毅、严阵以待。要想打败敌人,就要做好充分的战斗准备。

第一章　孙武子举重若轻　练女兵举轻若重

他在《九变篇》中说，不要寄希望于敌人不来，而要依靠自己做好充分的准备；不要寄希望于敌人不进攻，而要依靠自己拥有抑制敌人进攻的力量（原文：故用兵之法，无恃其不来，恃吾有以待也；无恃其不攻，恃吾有所不可攻也）。他这是强调，做事情一定要有把握，不能靠侥幸。

◎孙武个人情况简述

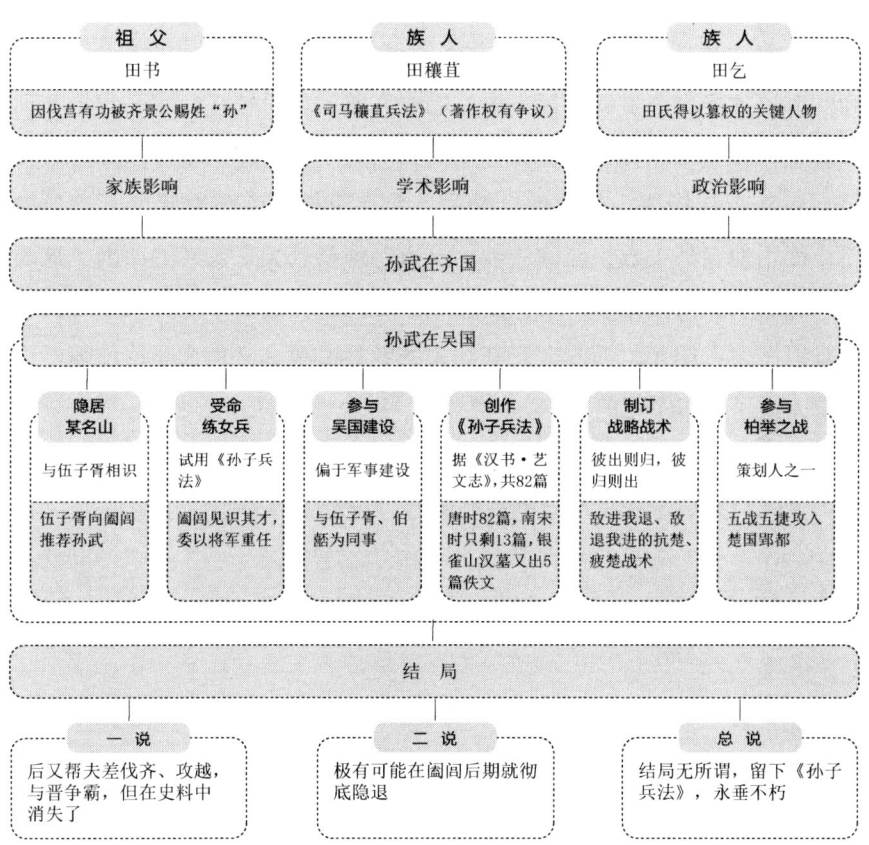

我们在考虑问题时，宁可考虑得复杂一些，这样自己做的准备就充分，就少发生意外。之所以有意外，是因为自己"没想到"，想到了就是意料之中了。我们说"往坏处想，往好处做"，也是这个意思。人生会遇到许多困扰，想得充分一些，就会避免一些"意料之外"，就会少一些事后"拍大腿"。

孙武在《计篇》中提到，将领要从七个方面着手来做到知彼知己：哪一方君主更贤明有道？哪一方将领更足智多谋？哪一方能占天时地利？哪一方能真正贯彻军规条令？哪一方整体实力较强？哪一方士卒训练有素？哪一方能真正把赏罚分明落到实处？通过这些就可以知道胜负了。将领听从指挥，任用他会胜利，应留下他；若阳奉阴违，擅自做主，任用他定然失败，应除去他。这就是他要杀吴王宠姬的原因。这两个人是队长，对其他人有很大的影响。她们带头违反军纪，若不处罚，就难以严肃军纪了，而没有纪律约束的散兵游勇，又怎么能打仗呢？这两个人成了严肃军纪的样本。

诸葛亮之所以必杀亲信马谡，也出于同样的考虑。不管这人的个人能力如何，只要干扰了自己的战略部署，一定要除去他。

第二章　十三篇以战止战　真兵法以杀止杀

孙子在《谋攻篇》中批评了国君妨碍军事行动的三种情况：其一，不了解战场实际情况却硬让军队前进或后退，就会束缚军队手脚；其二，不了解军队内部事务却横加干涉，将士就会感到困惑；其三，不了解战场上的机谋权变却干涉军队的指挥，将士就会犹豫不决，失去迅速决断的先机。军队被束缚，既感到困惑又犹豫不决，自乱阵脚，肯定会自取灭亡。

现实中也是这样的，如果老板对下属管得太宽，责、权、利不分，就会一片混乱，出了问题就容易互相指责，互相推诿。

孙子又指出了预知胜利的五种情况：把握是进攻还是防守时机的胜利；知道根据兵力多少采用不同战法的胜利；上下团结一心的胜利；能以逸待劳的胜利；将军有才能而君主不加干涉的胜利（原文：故知胜者有五，知可以战与不可以战者胜，识众寡之用者胜，上下同欲者胜，以虞待不虞者胜，将能而君不御者胜；此五者，知胜之道也）。所以说，知彼知己，百战百胜；知己不知彼或知彼不知己，一胜一败；不知彼不知己，必败无疑。这就是说，人们做事要有清醒的头脑，要有自知之明，做任何事都如此。

《孙子兵法》中《军形篇》有一段写道：胜利的结果已摆在面前才看见，这是普通人也能做到的，不算高明；通过激烈战斗才取得胜利，即使所有人都说好，也不算高明。也就是说，能举起羽毛算不得力大无穷，能看见日月算不得明见万里，能听到雷声算不得听力灵敏。善于用兵的人总能看到对手的弱点，这样才能战胜敌人。所以善于用兵的人打了胜仗，既没有显露的名声，也没有赫赫战功，因为他们总能战无不胜。之所以必胜无疑，是因为他们的战略方针建立在必胜基础之上，在双方还未交兵时就已经与战败的敌人对阵了，这种杰出的人根本不在乎表面的荣耀，也没有对名利的热衷，因为一切都理所当然。他们用兵总是先立于不败之地，然后再捕捉有利战机。所以说，能胜利的军队总是先创造胜利的条件，然后再求战，而失败的军队总是先求战，然后寄希望于侥幸（原文：故善战者，立于不败之地，而不失敌之败也。是故胜兵先胜，而后求战；败兵先战，而后求胜）。善于领导战争的人从不打无把握的仗，所以能时时掌握战争的主动权。

《孙子兵法》中《虚实篇》讲：凡是以逸待劳的，军队就从容不迫；凡是仓促应战的，军队就被动挨打。所以善于指挥战斗的人，总是能调动敌人而不被敌人牵制，能使出种种手段把敌人引入自己的埋伏圈。因此，敌人安逸，就要让他疲于奔命；敌人粮食充足，就要断他的粮道；敌人坚守不出，就要引蛇出洞。当我方想进攻时，要让他防不胜防，因为我方总能击中他的弱点和要害；当我方想防守时，必定固若金汤，因为我方能判断出他进攻的方向；要设法让敌人暴露而我方潜藏，

第二章　十三篇以战止战　真兵法以杀止杀

这样我方兵力绝对集中而敌人的兵力不得不分散，我方集中一处，而敌人分兵十处，这样在局部地区，我方以十打一，所以能够获得主动权。敌人不知道我方的进攻方向，那他就要处处防备，可防备了前面，后面就薄弱，防备了后面，前面就空虚，单单防备左面或右面，效果相同，若处处防备，则处处兵力薄弱，所以敌方兵力的空虚是由分兵防备造成的，而我方兵力充足，是迫使敌方处处分兵后的结果。

战争是最讲究实用的，一切花拳绣腿都毫无用处。战争是集团行动，是你死我活的争斗，不是逞个人英雄主义的行为。特别是在敌强我弱的情况下，绝对不能蛮干，不要贪恋一时的利益。对待敌人，要以"歼灭敌人有生力量"为最高原则。如果适当放弃一些城池土地能保留实力，就不要硬拼。这不是怯懦，不是逃避，而是基于敌强我弱的客观事实做出的明智选择。敌人攻占了我方的城池，肯定要分兵驻守，这样不断地消耗，最后他能掌握的机动兵力就会越来越少。这就好比某人本来挺有钱，但因为好大喜功，在条件不成熟时盲目扩大厂房，固定资产等支出过大，导致自己手里可流动的资金越来越少。资金链一旦断裂，引起连锁反应，他肯定周转不灵。而投入的固定资产难以很快脱手，即使有买家，他在紧急情况下也是黄金当作废铁卖。很多公司倒闭大概都有这样一条原因，本质上是领导者头脑发热，管理也不科学。有些事情，道理都一样。

要集中绝对优势兵力。大家一定要注意"绝对"这个词，不是一般性的集中，而是"绝对"集中。这样，在整体上敌强我弱，但在局部上敌弱我强。要想保持"局部强势"，在兵力上最好做到五比一、六比一，至少要做到三比一。把这句话列为重点。这是在自己弹药不够、给养不足的情况下，自己主要是"小米加步枪"的条件下，做出的正确决定。就是说,三个大汉打一个大汉好打。很多指挥员都知道这个道理,可在实际操作中,有的指挥员总是在受到外界干扰的情况下做出分兵出击的错误决定。要想做出正确的决定,就需要指挥员有耐心并且意志坚定。伤其九指不如断其一指,击溃敌人九个师不如歼灭其一个师。伤的手指可以复原,溃败的军队可以整合,而断指与被歼灭的军队不会复生,这才是真正削弱了对方。作为军事指挥员,切记不要贪图一口吃成个胖子。

路都是脚踏实地走出来的,人生之路也如此。要有耐心与决心,要定位准确,要有自知之明。

《火攻篇》中有一段写道:凡是打了胜仗而不能巩固胜利果实的,形势都十分凶险,空费钱粮,损兵折将,得不偿失。所以说,对于战争的后果,明智的君主事前要慎重思考,将领要严肃对待。于己不利就不要操之过急,没有必胜的把握就不要仓促应战,不到危急关头就不要轻

◎建立局部强势的简单示意图

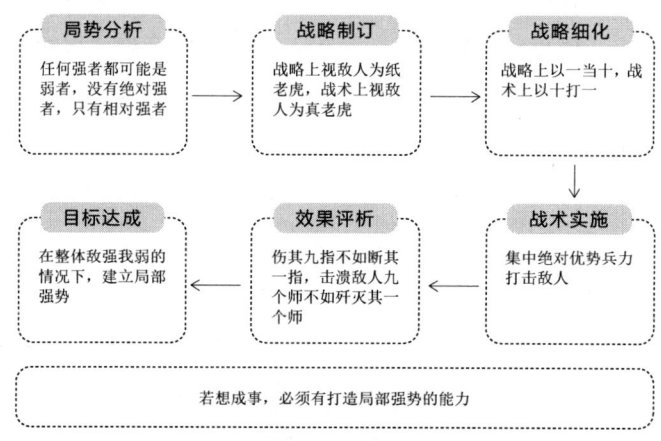

易兴师。君主切不可意气用事，轻易发动战争。将帅也不能急躁冒进，以免中了敌人的圈套。因此，明智的君主和将帅在考虑问题时都要考虑正反两方面，也就是利害关系。考虑到有利条件就有可能成就大事，考虑到不利因素就可以未雨绸缪。符合自身利益就要果断出击，不符合自身利益就应及早抽身。恼怒之后还能喜悦，气愤之后还能高兴，而亡国不可以复存，死者不可以复生。因此，对于发动战争与否这种事关生死存亡的大事，良君智将都会审时度势、慎之又慎，这是安定国家保全军队的基本原则（原文：主不可以怒而兴师，将不可以愠而致战；合于利而动，不合于利而止。怒可以复喜，愠可以复悦，亡国不可以复存，死者不可以复生。故明君慎之，良将警之，此安国全军之道也）。

善哉斯言！善哉斯言！事前估计不足，可能会导致毁灭性的后果。人生的很多不幸都是盲目乐观、对客观环境评估不足造成的。

《孙子兵法》应该不是一蹴而就的，应该是在孙武辅佐吴王阖闾五战五捷攻破楚国郢都的过程中及日后不断丰富完善的，因为原始版本有82篇。孙武在刚见吴王阖闾时拿出的《十三篇》应该是其呕心沥血之作，已经体现了《孙子兵法》的精髓。

对于孙武的后期生活，史料没有明确的记载。有人说，他看到吴王阖闾在后期穷兵黩武，屡劝不听，于是飘然归隐。有人说，他后来继续辅佐阖闾的儿子夫差，但夫差在战胜越王勾践后自以为是，好大喜功，并迫害忠心耿耿的老臣伍子胥，他心灰意冷，于是决然离去。不管哪种说法，以孙武敏锐的洞察力，他应该不会坐以待毙。最后孙武可能客死吴国，而在这期间，他必定继续密切观察各国的盛衰变化，不断完善其著作。从他对智慧的赞扬和对昏聩无能的鞭挞来看，他应该有对吴王父子后期骄横无知的不满。

兵家奇谋

《孙子兵法》中有些脍炙人口的语言已经深入我们的生活，比如："兵者，诡道也""智信仁勇严""攻其无备，出其不意""不战而屈人之兵，善之善者也""百战百胜""上兵伐谋（上策是用谋略挫败对手）""上下同欲者胜（只有上下团结一心才能取得胜利）""知彼知己，百战不殆（殆，失败）""避实而击虚""以迂为直（有时迂回包抄可能倒是终南捷径）""致人而不致于人（要掌握主动权）""兵以诈立""主不可以怒而兴师，将不可以愠而致战（愠，发怒。这句话是说要避免人生四大陷阱"酒、色、财、气"中的"气"，避免"意气用事"，事前要冷静思考）"，等等。

《孙子兵法》，一部伟大的作品！

第三章　图富贵杀妻求将　论用兵孙吴齐名

大家若是留心就会发现，古人在赞美将帅时喜欢说"用兵仿佛孙吴"，其中，"孙"指孙武，而"吴"则指吴起。孙武活动于春秋末期（生卒年不详，大概与孔子同时或略晚，孔子的生卒年为公元前551年至公元前479年），吴起（？—公元前381年）则活动于战国初期，两人生活的年代相差百年左右。

吴起擅长用兵，并曾经向曾子学习。曾子本名曾申，鲁国人，孔子的学生曾参之子。吴起可能因此师承关系而为鲁穆公服务。

春秋战国时期，鲁国与齐国是山东境内的两个以泰山为天然分界线的诸侯国，鲁弱齐强。

齐国要攻打鲁国，起因是这时的"姜氏齐国"早已名存实亡，"田氏齐国"的真正创立者田和想篡权了。齐鲁世代联姻，好像"秦晋之好"一样，田和怕他行动后鲁国兴师问罪，就决定先发制人打击鲁国，让其臣服，以后鲁国就闭嘴了。

兵家奇谋

　　齐国进攻的消息传来，鲁穆公十分愁苦。

　　鲁国国相说："吴起用兵有鬼神莫测的玄机，这次非得他带兵出征不可。"鲁穆公说："我也知道吴起是将才，可是他的妻子是齐国田氏宗族的女儿（鲁穆公怕吴起作为齐国田氏宗族的姑爷，和田氏里应外合）。感情最深的莫过于夫妻，谁敢担保他能尽心竭力为鲁国而战呢？我因此犹豫不决。"

　　当吴起得知鲁穆公不用自己的原因后，对鲁国国相说："我有办法让国君释疑。"

　　吴起回家后对妻子田氏说："自古以来妻以夫贵。若是丈夫能取得荣华富贵，名垂后世，这是不是做妻子的最大愿望？"田氏说："哪个妻子不盼着自己的丈夫出人头地呢？"吴起说："我现在有机会获取这些，可是遇到点小麻烦，需要你帮忙。"田氏说："你做的是国家大事，我一个妇道人家怎么帮忙？"吴起说："现在齐国军队讨伐鲁国，国君想用我，但因为你是田氏宗族的女儿，他怀疑我的忠诚度。我若能带着你的人头去拜见国君，他肯定会去除疑心起用我，我的功名就能成就了。"田氏大惊，还没等开口说话，吴起手起剑落，她已人头落地。

　　一日夫妻百日恩，百日夫妻似海深。吴起可真够狠的。

　　吴起提着妻子的人头去见鲁穆公，说："我有报效国家的志向，而您因为田氏的缘故怀疑我。我如今杀了她，以表明我不会帮助齐国，而会全心全意为鲁国服务。"鲁穆公十分不高兴，说："你先下去吧。"

　　过了一会儿，鲁国国相进来。鲁穆公说："吴起杀妻求将（典故来源），残忍到极点。他居心叵测。"国相说："吴起不爱妻子，热衷功名，这是他人品不好。可是现在需要他来为国效力，如果弃之不用，他投奔齐国可就大事不妙了。"鲁穆公一听，心想也对啊，那样一来，将多了

第三章 图富贵杀妻求将 论用兵孙吴齐名

一个强劲的敌人。于是他不太情愿地起用了吴起。

吴起果然厉害，带领鲁国军队大败齐国军队。

像吴起这种为达目的不择手段的人，肯定会有许多敌人。厌恶吴起的人不希望吴起太受重用，于是向鲁穆公进言说："吴起为人残忍毒辣。他年轻时，家里富甲一方，可他不好好持家，而是游历天下，一心想求官。最后他官没做成，还让家道没落了。乡里人讥笑他偷鸡不成反蚀一把米，他便杀了三十多个讥笑自己的人。他母亲也埋怨了他几句，他便不顾母亲的哀求，要重新游历四方。在与母亲诀别时，他把臂膀咬出血来（典故"啮臂盟"之源），发誓说：'我今天与母亲告别，若是不能取得卿相之位，终生不会与你相见。'然后掉头而去。他来到鲁国，向曾申学习儒学。过了一段时间，他母亲去世了。收到信后，吴起只仰天干号了几声，然后就像没事儿人一样。曾申是一个最讲孝道的人，他发怒道：'哪有对母亲发毒誓并如此较真的人呢？如今他母亲去世，他不回去奔丧，这是忘本的人，心地也太狠毒了。'曾申因此轻视他，并最终和他绝交了。吴起因此而抛弃儒学，学习兵法来侍奉您。他因为您对他的忠心有所怀疑，就杀掉自己的结发妻子来换取功名，这种人怎么会真心诚意地为鲁国着想呢？而且鲁国弱小，如今打了胜仗也未必是好事。其他诸侯一定会忌恨鲁国，从此我们将国无宁日了。"鲁穆公本来就不喜欢吴起的为人，因此辞退了他。

吴起该怎么办呢？当时，鲁国的东面是齐国。那时，田和已占有齐国大半领土，马上就要篡位了。鲁国的西面则是魏国。那时，魏国的当政者是魏文侯（韩、赵、魏已三分晋国，魏文侯是魏国的实际创立者，也是西门豹和乐羊侍奉的那个人）。

吴起听说魏文侯贤能，折节下士，万众归心，就到魏国要投奔他。

兵家奇谋

魏文侯问李克（李克就是魏文侯在选择翟璜或魏成子为国相面临两难境地时，提醒他要用"在平常、富裕、显贵、贫穷、卑贱时候的待人接物"来考察人物的那个大臣）："吴起是个什么样的人？"李克说："吴起贪名好色。然而，论带兵打仗，连田穰苴都不如他。"魏文侯权衡之后，决定任用吴起为将军。

吴起带兵打仗果然是把好手。他进击秦国，攻下了五座城池。

吴起是怎么带兵的呢？他虽然贵为将军，却与最普通的士卒同衣同食，不搞特殊化。他睡觉时不用床褥，与士卒一样和衣而卧。他行军时也不乘车骑马，并且亲自背粮，与士卒同甘共苦。

有个士卒得了痈疮。这种病多发于颈部、背部和臀部。痈疮里面有脓，若治疗不及时，就会有生命危险。吴起亲自用嘴为这个士卒吸脓汁。这个士卒的母亲听说后，哭得很伤心。有人见了不理解，说："你儿子只是一个普通士卒，将军爱卒如子，亲自给他吸脓汁，你应该高兴才对，怎么反倒哭了？"老妇人说："不是这样的。以前吴将军也曾为他父亲吸过脓汁。他父亲感恩戴德，在战斗中一往无前，奋勇杀敌，结果战死疆场。如今吴将军又为我儿子做这事，我不知道他会死在哪里，因此才哭泣。"

因为吴起善于带兵，廉洁公正，能够得到士卒的死力拥护，所以魏文侯任命他为西河郡（今陕西东部黄河西岸一带）郡守，以抵御秦国与韩国的进攻。

大丈夫不可一日无权，小丈夫不可一日无钱。吴起贪权但不爱财，能得到士卒的拥护。

吴起不但善于实战，而且善于做军事理论总结和军事制度创新。在他的主导下，魏国进行了军事制度改革。吴起创立了一种孔子"因材施

第三章 图富贵杀妻求将 论用兵孙吴齐名

教"式的军事教育模式,能把士卒的特长充分发挥出来。他还组建了特种部队,训练特种兵,以便适应不同的战略需要。最为关键的是,他能够细化军队奖惩条例,并且贯彻实施。这才是他能够战无不胜的原因。

作为将军他是合格的,能够与士卒打成一片,这样就能得到士卒的死力拥护。

◎走精兵和特种兵路线的魏武卒

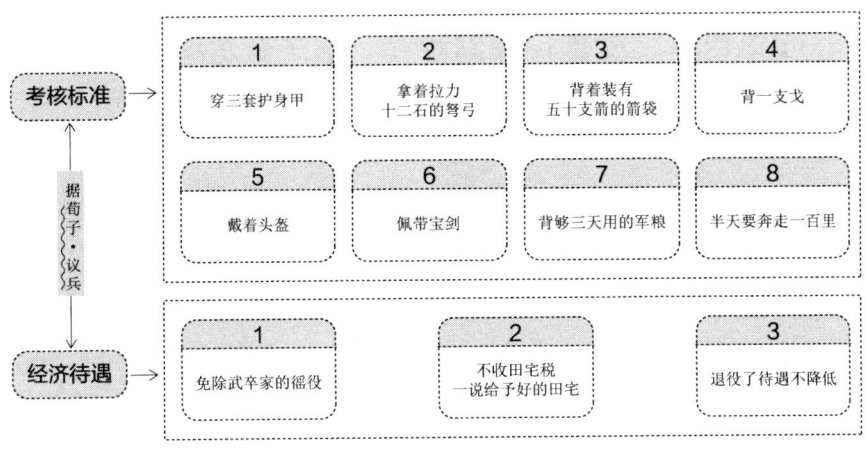

第四章　受排挤魏国难存　推法令楚地丧命

魏文侯死后，吴起侍奉他的儿子魏武侯魏击。

魏武侯坐船游黄河，顺流而下。到了最辽阔的中间河段时，魏武侯被波涛汹涌的黄河雄风所感触，回头对吴起说："雄壮的黄河呀！你这天然屏障让我国固若金汤，你真是魏国的珍宝啊！"吴起说："真正可依靠的是国君的仁德，而不是山河的险固。当年夏桀和商纣都以为只靠着险峻的地势就可以统治天下，不修仁政，恣意妄为，结果都被扫入历史的垃圾堆。真正的铜墙铁壁是百姓，是人，而要团结人心只能靠德政。如果国君不施恩德，那么这条船里的人都可能是您的敌人（成语"身中敌国"之源，意指统治者残暴，身边的人都会成为他的仇敌，他会众叛亲离）。"这番话说得魏武侯直竖大拇指。这番话表明吴起很有政治头脑。

魏国设置了西河郡，让吴起做了西河郡郡守，他的政治才干也得到了认可，名声显著。西河，郡名，也作河西，辖境相当于今山西及陕西华阴以北、洛河以东、黄龙以南的地区。据《史记·秦本纪》："(秦惠文王）八年，魏纳河西地。"公元前330年，西河郡并入秦国。

魏国设置了国相这个官职，并且任命田文（这个田文不是齐国的孟尝君田文，而是魏国贵族。《吕氏春秋》作"商文"）为国相，这个任命让吴起很不服气。他当面问田文："我想和您比功劳，行吗？"田文道："没问题。"吴起问："带领三军挫败强敌，您和我比怎么样？管理文武百官，使国家钱粮充足，您和我比怎么样？"田文说："比不上您。"吴起又问："驻守西河郡使秦国不敢向东侵扰我国，使韩国、赵国俯首听命，您能做到我这样吗？"田文说："我做不到。"吴起说："这三条您都处于下风，可现在您的职位却排在我上面，为什么呢？"田文道："国君年少，大臣不亲附，百姓有疑虑，在这个时候，是谁把国家纳入正常发展轨道的呢？"吴起沉默了好久，知道田文更有全局观，能在战略层面解决国家的发展方向问题，也知道自己在这方面确实比不上田文，于是心服口服。

田文死后，公叔痤（可能就是后来推举商鞅不成的那个公叔痤）当了国相。公叔痤娶了魏国的公主为妻，是一位有势力的人物。他十分忌恨吴起。当他向手下表露这种心迹时，他的仆人说："吴起为人清廉自律，重视自己的名誉。您先对国君说：'吴起志大才高，而我们魏国弱小，又和强大的秦国接壤，我私下以为吴起没有久留魏国的意思，恐怕要去攀高枝儿。'倘若国君问：'怎么办？'您就趁机说：'试着把公主嫁给他。如果他死心塌地要留在魏国，肯定会接受；如果他不想久留在魏国，肯定会推辞。您就用这个办法试探他。'然后，您找机会邀请吴起和您一起回家，暗中授意夫人（魏国的公主）发怒并轻视您。吴起一看您在公主面前如此受气，他肯定心寒，不愿意与王室其他公主结婚，就会推辞掉国君结亲的提议。"

这计策可真够狠的。

公叔痤按计行事。吴起在看到公叔痤受公主的气后,心想自己可受不了这种目中无人的公主脾气,就推辞掉了魏武侯结亲的提议。

这果然引起了魏武侯的疑心,认为吴起三心二意,嫌弃魏国薄待了他,从此就不信任他了。吴起看出这苗头以后,怕魏武侯找借口杀了自己,就向南逃到了楚国。

楚国这时是楚悼王在位。他早就听说吴起贤能。据《说苑·指武》记载,吴起一到楚国就被任命为宛守,一年后为令尹,开始革新楚国政治。吴起的这次变法比商鞅变法还要早二十年左右。

大家知道,在魏文侯时代,有一个叫李悝(kuī)的大臣在魏国实行了变法。李悝写了一本真正意义上的封建成文法典——《法经》,它后来成了商鞅变法的蓝本。吴起当时是李悝的同事。

我们一般只把吴起看成一个军事家,其实他的政治才能同样出众,也是一个当之无愧的政治家。笔者以为,他的思想应该受到了李悝的深刻影响。

吴起提出"明法申令"的主张。申明法规,令出必行;精简机构,裁汰冗员,提高工作效率;剥夺楚国贵族中远房亲属的特权和爵位,把这项支出用作军费,抚养士卒;加强军队建设;摒弃和其他国家缔结军事政治同盟的主张,先提升楚国的实力。

实施变法以后,楚国国家实力增强,疆域不断扩大,各国都对楚国另眼相看。楚国那些利益受损的贵族都想谋害吴起。等到楚悼王去世时,那些贵族就联合起来攻击吴起。吴起跑到楚悼王尸体旁边,想让那些人投鼠忌器。可那些人不管不顾,还是射死了吴起,连楚悼王的尸体也被射得像刺猬。据《韩非子·和氏》记载,变法只持续一年。

第四章 受排挤魏国难存 推法令楚地丧命

楚悼王去世后，其子楚肃王继位。楚肃王把射杀吴起同时射中自己父王尸体的人全部处死，被灭族的有七十多家。

像吴起这样的人，人际关系总是很紧张，到哪个地方都有人想谋害他，这不能不说是他的悲哀。

关于吴起，唯一让人感到遗憾的是，他实行变法的时间很短，支持他变法的楚悼王就去世了。如果楚国的变法也能持续二十年，倒是可以看看秦楚能否进行巅峰对决。假如楚悼王也有秦孝公的素质，二十年的

◎吴起的基本情况

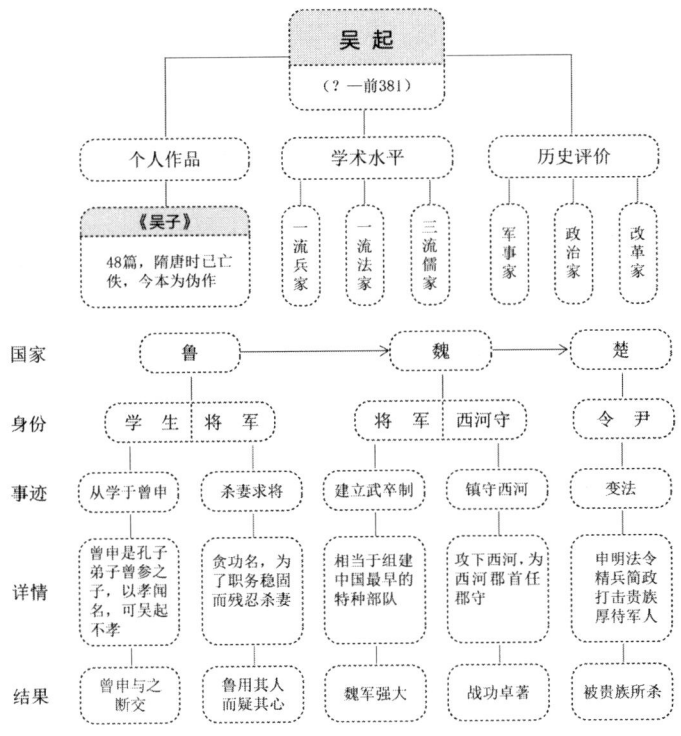

变法改革也应该能让楚国发生根本变化。当时，秦楚都有兼并天下的实力与可能。

吴起变法、商鞅变法都脱胎于李悝变法。吴起与李悝为同事，商鞅在他们之后。李悝的《法经》是商鞅变法的蓝本，吴起变法可能也以之为蓝本。楚国与其他国家最大的不同是，其贵族势力的强大由来已久。假如楚悼王稍微屈服，稍听谗言，变法就会夭折。这仅是一个假设而已，恐怕楚国难有秦国那样深彻的变法。

在军事理论及实践上，吴起与孙武旗鼓相当。但是，从对后世的影响来看，吴起要略逊一筹。在综合能力上，吴起与伍子胥在伯仲之间，他们既是军事家，又是政治家。从信奉的思想来看，吴起与商鞅接近，他们都是法家人物，实施变法时都刚猛迅捷、铁面无私。他们性格也相像，最后的结局也惊人地相似。

吴起留下的著作是《吴子》（也有人说，现在留下来的《吴子》是后人的伪作，原作已亡佚。但即使它是伪作，其价值也奇高，否则它流传不下来。能做这项工作的人，肯定也是理论与实践相结合的人才）。

第五章　下重手庞涓妒贤　施小计田忌赛马

孙膑是齐国人，是孙武的后代子孙。一般来说，"孙子"指的是孙武。当时，"子"相当于现在的"先生"。后世也有人把孙膑尊称为"孙子"。孙武是在春秋末期吴国出名的，所以被称为"吴孙子"；而孙膑是在战国时代田氏齐国扬名的，所以被称为"齐孙子"。孙武有《孙子兵法》，孙膑有《孙膑兵法》。

据说，在洛阳附近，有一处地界，因为山高林密、幽不可测，不像是有人居住的地方，所以人称"鬼谷"。"鬼谷"当中有一隐士，自称"鬼谷子"。据说，鬼谷子与墨家学派创始人墨子一同采药修道，志同道合，想拯救人类于苦难。鬼谷子通天彻地，有几种学问，无人可及：一是数学和星相学，能推演计算，知古察今，洞悉未来；二是兵学，文韬武略，鬼神莫测；三是游学，博闻强记，审时度势，雄辩滔滔，无人能敌；四是出世学，以入世之心过出世的生活，修身养性，延年益寿。

鬼谷子本人淡泊名利，可他想培养一些弟子为社会服务。弟子当中

兵家奇谋

最有名的有四个人,学习兵学的是孙膑和庞涓,学习游学的是苏秦和张仪。这四个人曾在战国的政局掀起一阵又一阵风浪。当然,这四个人的出处还需考证,但《史记》上确实记载孙膑与庞涓同师学艺,研习兵法,两人是同门师兄弟。

先下山的是庞涓。庞涓做了魏惠王(魏惠王是魏文侯的孙子,也是《孟子见梁惠王》中的主人公之一)手下的大将。后来孙膑去魏国投靠庞涓,也想找个进身的阶梯。

关于孙膑是怎么去魏国的,有两个版本。

《史记》上说,庞涓自认为才能比不上孙膑,怕他有一天成为自己的劲敌,于是暗中派人把孙膑找来要加害于他。

野史上说,有人向魏惠王提起孙膑是帅才,而且有祖先孙武留下的军事绝学,于是魏惠王让庞涓把他找来。君命难违,庞涓不得不把孙膑招到魏国。

反正孙膑是来了。但是,庞涓忌妒孙膑的才能,想要谋害他。因为孙膑是齐国人,所以庞涓就让人写了一封假书信送给孙膑,让他回齐国建功立业。然后,庞涓就挑拨魏惠王,借法令陷害孙膑,给孙膑定了一个大概叫"私通外国"的罪名,剔除了孙膑的膝盖骨,又在他脸上刻了字,后者叫黥(qíng)刑。然后,庞涓把孙膑藏了起来,想让他了此残生,永无出头之日。

野史上说,庞涓在幽禁孙膑期间,因为想引诱他写出他祖先孙武的《孙子兵法》,所以才没有过早地杀害他。

对孙膑用刑是以魏惠王的名义。刚开始,孙膑没有看出庞涓的真实嘴脸,也没想到对方如此歹毒,完全不顾同学之谊。孙膑知道真相后,就开始装疯卖傻。据说,在猪圈里,他连猪粪都吃,瞒过了庞涓。孙膑

第五章　下重手庞涓妒贤　施小计田忌赛马

当时有的就是求生与复仇的欲望，这种欲望支撑着他。

时间一长，庞涓看不出孙膑有假装的痕迹，以为他真疯了，就不把他放在眼里，对他的控制也松懈下来了。

后来，齐国派使者淳于髡（kūn）到魏国办事。孙膑找到机会秘密去见齐使。孙膑口才出众，见解独到，看事情一针见血，谈论军事理论知识如数家珍。齐使非常惊讶，就偷偷地把孙膑带回齐国。这可真是龙归大海，虎入深山。

孙膑隐忍苟活，终于迎来了自己人生的辉煌时期。

这时的齐国早已是田氏的了。也就是说，孙膑生活在战国时代初期，这时齐国当政的是齐威王（《邹忌讽齐王纳谏》中的齐王）。孙膑到齐国后住在贵族田忌的家里，田忌尊他为老师。

当时，在齐国贵族中流行赌马，赌注很大。田忌和其他人轮流坐庄，双方的马匹分上中下三等。孙膑对田忌说："下次您尽管下大赌注，我能让您赢，我懂马。"田忌这时早就对孙膑言听计从了，于是下了千金的重注。

等到比赛开始时，孙膑说："现在您用下等马对阵他们的上等马，用上等马对付他们的中等马，用中等马对敌他们的下等马。"等到比赛结束后，田忌二比一获胜，得到了千金的回报。

这个故事我们都十分熟悉，叫《田忌赛马》。这是运筹学的典型案例，也是军事学中的"发挥自己绝对优势"的成功典范。

孙膑略施小计即大获胜利，田忌佩服不已，于是就把他推荐给了齐威王。

齐威王在赌马这件小事中看出了孙膑的过人才智，就召见他，与他讨论兵法。孙膑对答如流，齐威王大喜，把他尊为老师。

兵家奇谋

◎孙膑的主要人生轨迹

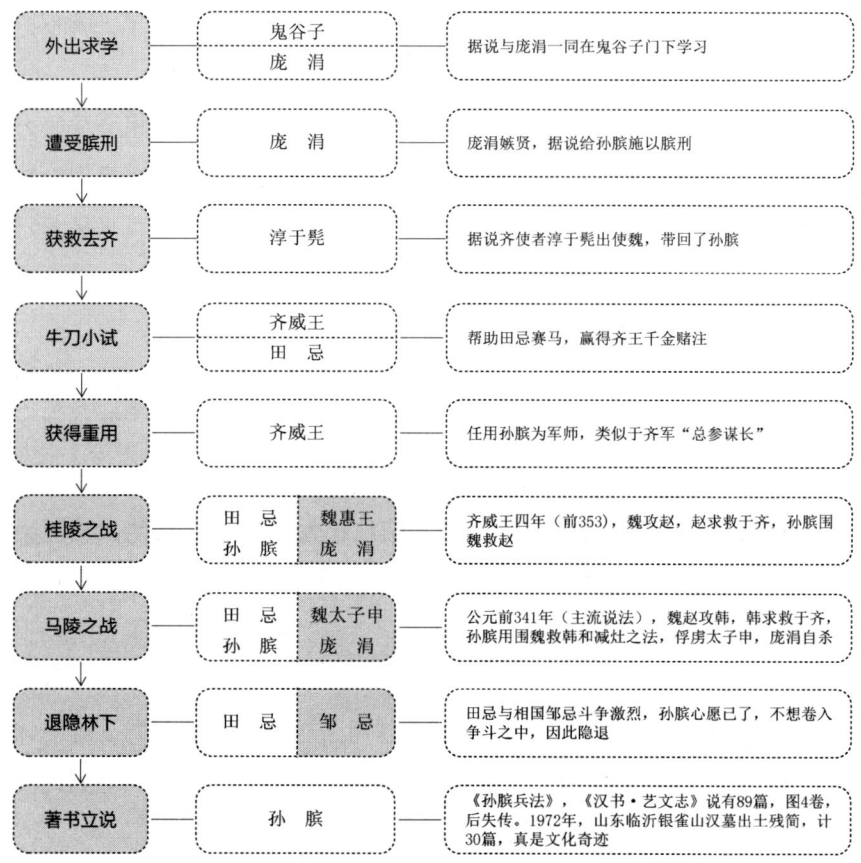

第六章　兵无常两番攻魏　马陵战孙膑成名

魏惠王派庞涓攻打赵国。赵国形势危急，就向齐国求救。齐威王想让孙膑做将帅。孙膑说："我是受过刑罚的人，若用我为将帅，没有威仪，也显得齐国没有人才。我保举田忌为将。"于是，齐威王任命田忌为大将，孙膑为军师。孙膑坐在斗篷车里，专门出谋划策。

田忌想带兵入赵攻打庞涓。孙膑说："想解开乱成一团的东西不能生拉硬扯，想劝解斗殴的人，调解人不能参与搏斗。如果避实就虚，击其要害，让他不得不自救，那么双方就自动停战了（成语"批亢捣虚"，"批"指用手击打；"亢"同"吭"，指咽喉，比喻要害；"捣"指用棍棒撞击，引申为打；"虚"指薄弱环节。这个成语是"抓住要害，乘虚而入"的意思）。如今魏国攻打赵国，精锐部队肯定倾巢而出，只留老弱残兵防守国内。您不如带领军队奔袭魏国首都大梁，占据魏国的交通要道，攻击它的薄弱环节。守卫魏国的弱旅即使竭尽全力也抵挡不住您，肯定要让庞涓回军营救。到那时，魏国军队疲惫不堪，而我军以逸待劳，战争的结果就可以预见了。这样一箭双雕，既为赵国解了围，又可以挫败魏军。"田忌听从了孙膑的意见。

庞涓果然带领军队离开赵国邯郸回魏国救援。孙膑带领军队在桂陵（今河南长垣西南。垣，yuán）击败了庞涓。这就是三十六计中的一计——围魏救赵。

《史记·孙子吴起列传》上说，桂陵之战后，过了十三年，发生了马陵之战。《史记·田敬仲完世家》则说是在齐宣王二年，即公元前318年，魏、赵攻韩，韩向齐求救。马陵之战的时间，有"公元前343年说""公元前341年说""公元前340年说""公元前318年说"，本书取齐威王十六年，即"公元前341年说"。

齐威王派田忌为将救援韩国，孙膑随军前往。这次，赵军又是虚张声势地要攻打魏国的大梁，就是想让庞涓心急火燎地往回赶，好趁机攻打他。庞涓听到消息，果然回国救援。

当时，魏在西，齐在东。庞涓回救时，田忌大军已越过齐魏边境线向西挺进了。孙膑对田忌说："魏军一向强悍善战，而且认为齐军是胆小鬼，不敢和他们正面厮杀。我们就利用他们这种轻敌心理，因势利导，使战局向有利于我们的方向转化。《孙子兵法》上说，行军百里去争夺利益的，必然损失上将；行军五十里去争夺利益的，只有一半士卒能抵达目的地，这样做有害无利。我们就故意显得减员严重，让他们轻敌。"于是，齐军第一天在营盘里建造供十万人伙食的炉灶，第二天建造供五万人伙食的炉灶，第三天建造供三万人伙食的炉灶。庞涓尾随西进的齐军三天之后，心中大喜，说："我早就知道齐军胆怯，刚进我国才三天，就有一半人开小差了。"于是，庞涓把步兵抛在身后，只带着精锐日夜兼程追赶齐军。

第六章 兵无常两番攻魏 马陵战孙膑成名

这正是孙膑愿意看到的结果。他估计庞涓在晚上就可抵达马陵（在今河北大名东南。一说在今河南范县西南）。马陵，中间道路狭窄，两边地势险要，正是打伏击战的理想场所。孙膑在道路两侧埋伏下弓箭手，又让人在道路上设置路障。他让人把道路旁一棵大树的树皮刮下，写上八个大字："庞涓死于此树之下。"他号令士卒，晚上魏军经过时，如果看到他们停下点火察看树上的字，就一齐放箭。

庞涓果然在晚上来到马陵，看前面道路受阻，路旁大树上有一个白色条块，隐隐约约好像有字，就命人点火察看。他还没看完，齐军就万箭齐发，魏军乱成一团。前后通道都被堵死，只能当箭靶的庞涓知道败局已定，无力回天，仰天叹息道："没想到成全了孙膑这小子的名声。"于是庞涓自杀。

齐军趁势彻底击垮了魏军，把魏惠王的太子魏申也俘获了（魏申在出兵路上遇到一位得道高人徐子，徐子提醒他，太子带兵凶多吉少，果然如此）。孙膑因此扬名天下。

有一本书《容斋随笔》，是一本笔记体杂文，既补了《资治通鉴》之不足，也对有争议的历史问题做了分析，其作者是宋朝人洪迈。

洪迈曾对马陵之战提出质疑。他认为十万灶、五万灶、三万灶这种说法不真实。怎能一人一个炉灶呢？而且庞涓急行军，又怎么有时间来数炉灶个数呢？他认为孙膑在路旁大树上写"庞涓死于此树之下"八个字，并且还能料到庞涓晚上到达马陵也不真实。他还认为那时庞涓坐在车里，"点火察看树上的字"也不真实，是无稽之谈。

质疑权威是允许的，但洪先生的质疑好像有点太拘泥了。十万灶不是指十万个炉灶，而是指供十万人吃饭的炉灶，这没什么不对。洪先生说，庞涓没有时间察看炉灶的个数，这未必对。行军打仗要知彼知己，探知对方人数的多少应该是最基本的任务，这样自己才能决定用多少兵力去迎战。一旦看到敌人的营盘旧址，肯定就要详细勘察，以便能得到哪怕一点儿蛛丝马迹。即使真有十万个炉灶，对于一个军队来说，想搞清楚数量，也只是小菜一碟。真难做到吗？司马懿不就是在视察蜀军营盘旧址后，称赞诸葛亮是"天下奇才"吗？

洪先生说，庞涓行走的快慢孙膑决定不了，怎能知道他晚上到达马陵？笔者以为，齐军以逸待劳，就是要布下陷阱让庞涓自投罗网。如果庞涓从别的道走了，或者在青天白日到达马陵，孙膑肯定不会在马陵设埋伏，可能在"牛陵""羊陵"设埋伏。他就是要找天时、地利最佳的结合点。孙膑在定计之前，肯定要派出间谍打探庞涓的行踪并随时调整策略，这应该是他作为一代谋略大师最起码的素质。

洪先生又说，庞涓应该坐在车中，不可能看见树上有字，不应该点火察看。笔者认为，如果想打埋伏，就肯定会有让对方不得不停的机关，设置路障是必要条件。

洪先生又说，既然庞涓不会点火，齐军肯定也不会万箭齐发。其实任何行军都应该有向导，最起码向导要举火把，不然黑灯瞎火地把部队领到悬崖怎么办？向导遇到障碍时肯定要向庞涓汇报，请求指示，这样庞涓亲自巡视也就顺理成章。而且既然打伏击，就要让他进不能进、退不能退，关门打狗。当时庞涓应该是被困住了，即使没有火光，齐军也应该能判断出魏军的方位，乱箭射击很正常。庞涓要是有生存的希望也不会自杀。

反正，这种历史问题没法辩论清楚，因为没有当事人。我们只把这段当小说读又何妨？

这只是争论。不以小眚（shěng，指过失）掩大德。笔者通读过《容

第六章 兵无常两番攻魏 马陵战孙膑成名

斋随笔》，总体来说其价值奇高。

对于孙膑的结局，《史记》上没有明确记载，只说"世传其兵法"，就戛（jiá）然而止。

《孙膑兵法》一度失传，后人曾怀疑司马迁记述错误，直到1972年于山东临沂银雀山汉墓中发现此书。此书多有脱略，但与《孙子兵法》一样，都是理论与实践的结合物。

据野史记载，孙膑在这次胜利之后，坚决推辞掉了富贵功名。他临

◎武经七书详情

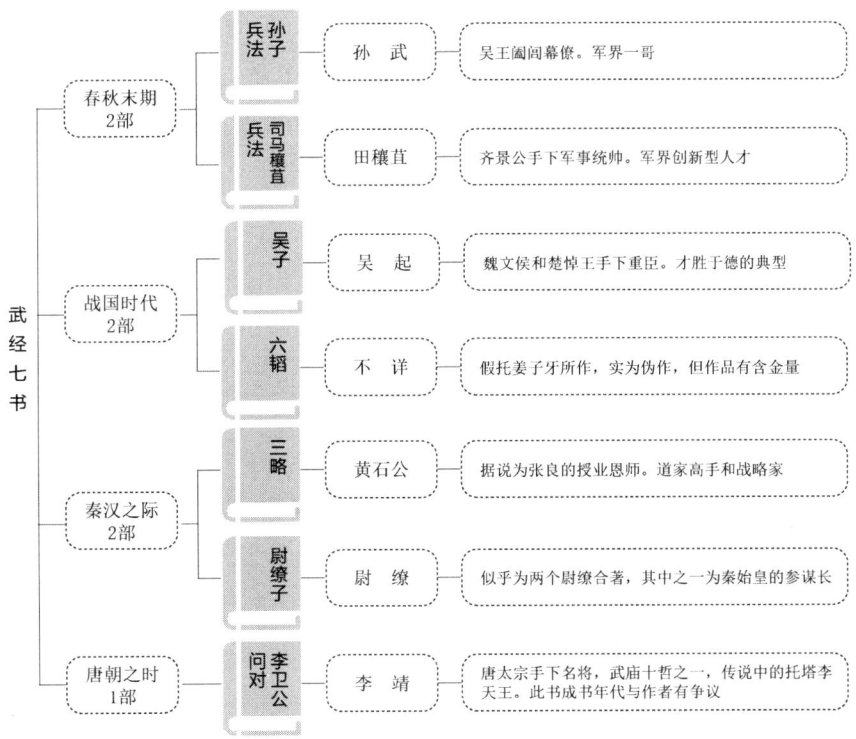

走时把《孙子兵法》十三篇献给齐王，说："我是一个残疾人，蒙您恩宠，被委以重任，能上报国家，下了私怨，此生无憾矣。我的学问都在这些兵书里，留我在朝也毫无用处。我愿得一片闲山，做清静的江湖散人。"他后来不知所终。有人揣测，他随其师鬼谷子浪迹天涯去了。

参透人间事，飘然出世隐，何尝不是人间乐事？

司马迁评论道：现在世上推崇的是《孙子》（称为《孙子兵法》）十三篇和吴起的《兵法》（称为《吴子》），这两部书在世上广为流传，因此我不做过多论述，只是记载一下他们的生平逸事、所作所为。俗语说，有实践能力的未必能说，有理论知识的未必能做（能行之者未必能言，能言之者未必能行）。孙膑筹划击杀庞涓时真是神明，但他未能预先避开被残害的祸患；吴起劝谏魏武侯要实行仁义时头头是道，但他在楚国施展抱负时，却因尖刻残暴、薄情寡义而断送了自己的性命，真可悲啊！

诸子百家

见仁见智管理难,鱼与熊掌谁得兼。
商韩申慎为骨架,孔孟老庄来周全。
七分法术二分儒,再加一分道自然。
十分之中如此划,刚柔文武国体安。

嗣敏戏作咏史诗《诸子百家》

第一章　尺有短寸有所长　错上错罢黜百家

费了九牛二虎之力，历经千难万险，笔者得到了一份诸子百家的创始人或代表人物的获奖感言（排名不分先后）。

摘要如下，以飨读者。

儒家孔子：我们儒者讲究内外兼修、一以贯之，培养智、信、仁、勇、严的君子品格。我们讲究温、良、恭、俭、让不假，可是我们痛恨"犬儒"，谁要是曲解我的学说，我一定拔剑与之决斗。

道家老子：我说无为，不是无所作为，而是有所为有所不为。如果真一点也不作为，我为什么要写五千言的《道德经》呢？

墨家墨子：不是我的学说不好，而是能以苦行僧标准严格要求自己并拥有完美人格的统治者太少了，几乎没有。

法家韩非子：吴起被杀，商鞅被杀，对变法者来说，流血是正常的。我的学说有巨大缺陷，你可能也不赞同，但是我们能办事，有方法，有策略，有执行力和牺牲精神。

诸子百家

名家公孙龙：别人说我们过于纠结"名"与"实"，过于重视逻辑，是搞形式主义，其实名实相符的世界才是真实而真诚的世界。

阴阳家邹衍（yǎn）：别人说我们故弄玄虚，其实解释宇宙和人生的方式有很多种，我们只是提供了一种可行性分析而已。

纵横家苏秦张仪：世人对我们存在误解，认为我们忽悠，其实我们一向诚信经营、童叟无欺。至于在分化组合中牺牲了别人一点点利益，那也是必须的嘛。

杂家吕不韦：当年《吕氏春秋》创作时，编辑团队的业务是过硬的，我说有能增删改动一字者，赏赐千金。因为兼容百家，所以我被视为杂家代表。

农家许行：作为鲁国的农业专家，我的一些作品获得了大家的赞扬，愧不敢当。农业是根本不假，可极度重农抑商就偏颇了。

小说家虞初：我的小说《周说》失传了，非常可惜，幸亏《汉书·艺文志》记下了我的名字。承蒙大家厚爱，把我视为小说家的鼻祖。小说，小说，说的虽小，可是有生活的细节、社会的真实。

有个词语"三教九流"，我们经常挂在嘴边，可很多人未必知道其具体含义。

"三教"是指儒、道、佛三教；"九流"是指儒家、道家、阴阳家、法家、名家、墨家、纵横家、杂家、农家。"九流"还泛指各种宗教、学术流派，也指社会上各种行当或三六九等的各色人物。

在春秋战国时期，中原大地诸侯林立、战争频仍。各国君主为了自保，更多的是为了称王称霸，纷纷发展经济、改革政治，谋求富国强兵之道。他们竞相礼贤下士、延揽人才。知识分子得到了扬眉吐气的机会，纷纷著书立说，提出匡扶社稷的良策，学术及言论空前自由。

大家"仁者见仁，智者见智"，同样一个客观世界，在哲学家、政治家、化学家、物理学家、生物学家等的眼里是完全不同的。当时的圣哲们通过不同的视角,为未来的社会构思蓝图。

就像鲁迅评论《红楼梦》时说的那样:"一部《红楼梦》,单是命意,就因读者的眼光而有种种:经学家看见《易》,道学家看见淫,才子看见缠绵,革命家看见排满,流言家看见宫闱秘事……"笔者把《红楼梦》当作心理小说来读。再比如,尽管曹雪芹对林黛玉的描写已经非常细致了,但一百个读者眼中还是会有一百个林黛玉的形象。

在诸子百家中,比较有名的是"九流十家"。"九流"是指:儒家(孔子、孟子、荀子);道家(老子、庄子);阴阳家(邹衍);法家(李悝、申不害、商鞅、韩非);名家(公孙龙);墨家(墨子);纵横家(苏秦、张仪);杂家(吕不韦);农家(许行)。这九流九家,如果再加上小说家,就称为"十家"。

司马迁在《史记·太史公自序》中记载了其父司马谈评论阴阳、儒、墨、法、名和道家的言论。

司马谈认为,客观世界只有一个,尽管学者考虑的角度不同,但是应该殊途同归。

他认为阴阳家故弄玄虚,过分讲究福祸祥瑞,这样就让人做事畏首畏尾,无所适从。但是阴阳家对春夏秋冬等天文的研究是功不可没的。

他认为儒家过于迂阔,多端寡要,不太讲究实际,在实践中容易让人摸不着头脑,事倍功半,所以儒家的理论很难完全照办。这确实是儒家的一个致命伤,也就是"理论上说得通,事实上做不到"。或者统治者道貌岸然,把儒家当作欺骗老百姓的手段罢了。但是司马谈强调儒家讲究尊卑礼法,从"不以规矩,不能成方圆"的角度来说,是有进步意义的。

他认为墨家主张节俭是对的,但是强调得有点过分了,过犹不及,让人很难完全遵守。但是墨家强调发展生产的同时节俭自律，这总归是正确的。

他认为法家不讲情面依法治国是对的，只是过于苛责残暴，统治过于刚性，很难持久。但是法家主张使君主尊贵，使臣子卑下，使上下名分、职责明确，这是不能更改的。

他认为名家过于拘泥在名分、礼数这些表面的东西上，搞形式主义，容易让人失去对事物真相的认知和探求。但是名家辩证表象与事实的关系，虽然属于形而上学范畴，但还是有进步意义的。

他认为道家使人精神专一，揭示了宇宙的真理，要求一切按照客观规律办事，这符合天人合一的最高境界。"道法自然"，有道者自己清静无为，崇尚自然，这样万事万物各得其所。道家遵循阴阳家提出的自然法则，同时又汲取了儒家、墨家的长处，对名家、法家的优点也兼收并蓄，顺应时代潮流，根据客观现实的变化，具体问题具体分析，如果作为国家统治思想，最为适宜，意旨简明，一目了然，便于操作，能够事半功倍。

儒家则不这样，它认为君主是天下人的楷模，臣民对君主只能亦步亦趋，凡事都要由君主挑头来做，这样的结果是君主烦劳而臣子安逸。道家与此相反，以虚无为本，认为"天下万物生于有，有生于无"，强调"无为"，去掉刚强和贪欲，"不尚贤，使民不争""绝圣弃智，民利百倍"，强调以柔克刚，无为而治。因为道家在实践中以顺应自然为原则，所以没有一成不变的态势，"上善若水"，因时变化，这样就不会因为过于拘泥而与实际脱节，这样"道"才会成为万物的主宰，"道生一，一生二，二生三，三生万物"。一个人的精神使用过度就会衰竭，一个人过分操劳就会疲惫，而且于事无补，如果精神与肉体过于劳累，就不能与天地同寿。

以上只是司马谈的观点。司马谈虽然有过分拔高道家的嫌疑，但是不能不说，他是用一分为二的观点看问题的，基本上指出了各流派的优缺点。

司马谈所在时代的背景：统治者推崇道家学说，强调休养生息。

汉武帝继位之后则尊崇儒术，内行法术，抛弃了道家。

◎ 戏说三家

第二章　道德经真言五千　南华经庄周逍遥

　　老子名叫李耳，又叫李聃（dān），是春秋末期楚国人，后来成为周朝"国家图书馆"的史官。据说，老子的母亲怀孕八十一年，最后在李子树下割破左边腋下生出了他。

　　老子生来神奇，这是当时的造神运动吧。

　　孔子有一年到周朝向老子请教"礼"。老子说："您所说的情况，是指人的肉体虽然消亡，但是精神永存、思想永在。君子遇到合适时机就积极入世，不遇时就随遇而安。我听说，善于做生意的人财不外露，君子尽管有很高的德行，外表却显得愚钝，也就是大智若愚。您有骄气，欲望过多。不要太注重外在美，那些对您没好处，加强自修吧。我能告诫您的，只有这些。"孔子回去后，对弟子说："鸟，我知道能飞；鱼，我知道能游；兽，我知道能跑。善跑的可以用网捕捉，善游的可以用钩来钓，善飞的可以用箭射猎。至于龙，我就不知道它是怎样乘着风云纵横四海的了，而老子就是那飘忽不定、见首不见尾的神龙呀！"

第二章　道德经真言五千　南华经庄周逍遥

老子研究"道",以研究规律、顺应自然、自我隐藏、不要虚名为宗旨,"人法地,地法天,天法道,道法自然"。他看到周朝日益衰落,就想退隐江湖。当他向西来到函谷关(今河南灵宝境内。一说为散关,位于今陕西宝鸡大散岭上,是川陕交通要道,兵家必争之地。宋以后叫大散关,1141年,宋、金议和,以此为界)时,关令尹喜看到一团紫气,知道老子是异人,就说:"您就要退隐了,请勉为其难为我写点什么吧。"老子于是写下了千古流传的《道德经》,也就是道家的"五千真言"。它言简意赅,宇宙人生无所不包。后人提炼了一个成语"东来紫气",比喻人的不平凡。

对于老子的真实身份,争议颇多,那不是我们研究的重点。我们只要知道老子留下了宝贵的精神财富《道德经》就行了。研究透彻其思想,择其善者而从之,古为今用,无疑这是最有价值的。

老子是个隐居的君子,一直保持出世之心,又因为他研究"道",顺应自然,所以健康长寿。有人说他活了一百六十多岁,也有人说他活了二百多岁。这恐怕是人们出于对他的尊重,对他的美好祝愿吧。

道家强调无为,儒家强调积极入世,知其不可为而为之。在指导思想上,两种学说有对立,但其实都是为了解决社会及人生问题,只是出发点不同,答案就各不相同吧。

庄子是战国初期与魏惠王、齐宣王和孟子同时代的人,信奉道家学说。庄子学识渊博,著述有十多万字,能够成一家之言。他的《庄子》又称为《南华经》,也是道家学徒的必读书。庄子对儒家和墨家进行了批驳。他善于修辞,写出的文章感情真挚,有丰富的想象力,洋洋洒洒,一泻千里。他总是随心所欲,然而王公大人不喜欢这种太有个性的人,所以庄子并没有受到他们的器重。

诸子百家

楚威王听说庄子贤能，就派使者拿着丰厚的礼物去拜访庄子，想拜他为国相（楚相称"令尹"）。庄子笑着对楚国使者说："千金是重利，卿相是尊位，这是世人孜孜以求的。但是您难道没有见到祭祀中用到的牛吗？饲养它几年，膘肥体壮时，给它穿上五彩服饰，然后牵到太庙中，它的命运就是被屠宰，当作祭品。在这个时候，即使它想当一头不起眼的小牛，又怎么能够呢？您还是快走吧，不要玷污了我的清白！我宁可做出淤泥而不染的莲花，也不愿当迎合权贵的牡丹，被人品评，被人束缚。我终生不仕，这样才会身心愉悦。"这是庄子的世界观。他视钱财如粪土、富贵如浮云。

他洁身自好让人赞赏，但不应消极遁世。大丈夫应该积极入世，只不过要以出世之心过入世的生活，不被名缰利锁牵绊，保持节操。

《庄子·田子方》中记载的一个"鲁国少儒"的故事非常有趣。

庄子和鲁哀公（真有其人，但在此是假托的人物）见了面。哀公说："我们鲁国儒士较多，而信奉道家学说的少之又少。"庄子说："鲁国儒士少得可怜。"哀公说："鲁国上下都穿儒士服装，怎么说儒士少得可怜呢？"庄子说："真正的有道之士，未必穿儒服；而穿儒服的，未必是有道之士（君子有其道者，未必为其服也；为其服者，未必知其道也）。您若认为我说的不对，为何不号令国人说'不懂儒学而穿儒服的伪君子，抓到后处死'？"于是哀公发出号令。五天后，全国穿儒服的人大多销声匿迹了，只有一个伟丈夫，穿着儒服，气宇轩昂，站在官殿门口。哀公把这个人叫来咨询国事。他果然满腹经纶，对答如流。庄子说："作为儒家发源地的鲁国，也不过只有一个真正的儒士罢了，怎么能说有很多呢？"他这是讽刺儒家的形式主义。很多人打着儒家的旗号招摇撞骗，其实没有真才实学。这是另一个版本的滥竽充数。

第三章　法家人孤臣孽子　变法者奋不顾身

韩非是法家集大成的理论家，在他之前的法家人物有李悝、吴起、商鞅和申不害。李悝的著作是《法经》，吴起的著作是《吴子》，商鞅的著作是《商君书》，申不害的著作是《申子》。李悝是战国初期魏国的君主魏文侯的臣子，与西门豹、吴起同殿称臣。他的《法经》是我国第一部比较完整的成文法典，他的变法曾经让魏国强盛一时。吴起在军事上与孙武齐名，同时他也是政治家。他后来到楚国推行变法，成果显著。商鞅自不必说，他以李悝的《法经》为蓝本，进行创新，到秦国辅佐秦孝公变法，使秦国实力猛增。申不害是战国初期韩国韩昭侯的国相，领导韩国内修政治，发展实力。在他当国相的十五年间，韩国国富民强，其他诸侯国都不敢挑衅韩国。

韩非是韩国末期的贵族公子，和李斯同是荀子的学生。

荀子是儒家的另类人物，我们最熟悉的就是他一反孟子的"性善"论而提出"性恶"论。朱熹把荀子排斥在儒家之外，主要在于荀子重

"法"、重"霸"、重"世主"、重"君权"。朱熹认为荀子是法家人物，至少是儒法过渡型人物，并且他培养了被视为儒家异己分子的韩非和李斯，直接和间接地影响了秦国政治。司马迁认为，荀子和孟子一样是儒家的发扬光大者。也有人说，荀子虽然和孟子看事情的出发点不同，但这只是方法论的不同，他仍然是"道德主义者"，他对其他"诸子百家"提出了批评，包括上文提到的申不害。

《史记》上记载，韩非"喜刑名法术之学，而其归本于黄老"。韩非是"非道德主义"者，强调法律的尊严。有人据此怀疑司马迁记载的正确性。

《韩非子》中有《解老》《喻老》两篇文章。韩非尊崇道家，笔者百思不得其解。后来查阅资料，笔者认同一位不知道姓名学者的观点。他说："道家不尚虚华，清简无为，这样君臣自正，而法家批驳浮华，讲究名实相符。"

道家治国与儒家治国有相似之处，偏重"道德治国"，只是道家不像儒家那样讲究繁文缛节，太关注表面文章。道家讲究实际效果，认为如果能够尊重规律，就应该能达到天下大治。

法家讲究立竿见影、实事求是、具体问题具体分析，像道家一样注重名实相符，不搞形式主义，只是法家与道家在实现这一目标时用的手段不同，道家用"道"，用自上而下的教化，而法家用"法"，用一套看得见摸得着、行之有效、有具体操作规程的法律体系。

确实，完全依靠"道德治国"不现实，统治者不可能个个都像儒家与道家的圣人那样有极高的修养。像墨子，要求更高，要求统治者带有"苦行僧"意味，这更不现实。而法家则不同，它所主张的一切都有章可循，便于操作。

第三章 法家人孤臣孽子 变法者奋不顾身

◎对法家"三足"——法、术、势的简单分析

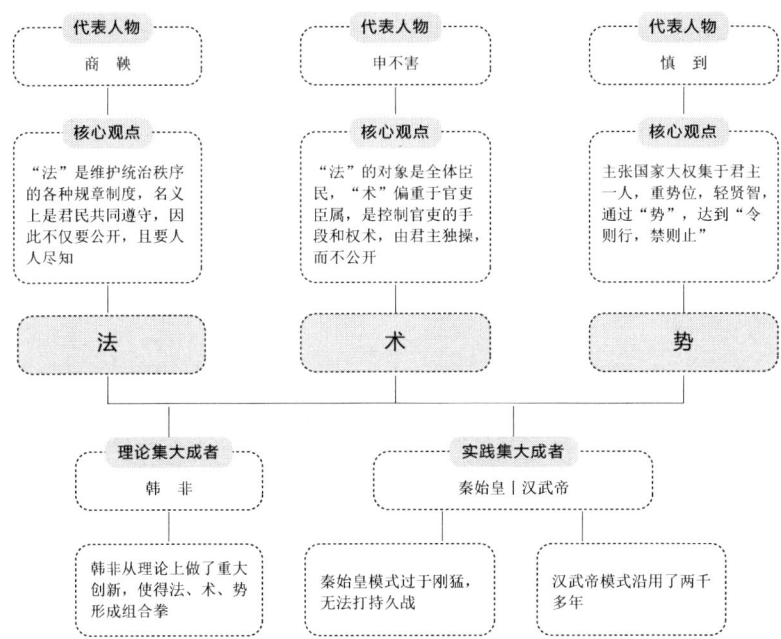

笔者对法家人物一往无前、铁面无私的执法力度颇为赞赏。没有执法者的以身作则，法律再完备还不是废纸一张？

本书采取《史记》的说法，韩非与李斯共同向荀子学习。李斯觉得自己不如韩非，韩非笔杆子功夫了得。但是韩非有弱点，他不像李斯那样雄辩滔滔，他口吃得厉害。

韩非见韩国日益衰弱，非常着急，多次向韩王安上书劝谏，可惜韩王安不采纳他的意见。韩非痛恨韩王安治国无方，不致力于完善法制，不能使用强势手段驾驭臣下，也不能任用真正的贤者富国强兵，反而任用虚浮善媚之人，结果文恬武嬉。他认为儒士不务实际，用虚夸的字眼扰乱国家法度，而侠客凭借武勇无视国家法律。对这两种人要辩证地

看，用人之道也应该随时变化，和平年代重视文人学士，但是非常时期就要起用能征善战的将帅。可如今韩国的情况正好相反，所养非所用，政客平时耍嘴皮子，关键时刻成了缩头乌龟；所用非所养，平时不烧香，临时抱佛脚，现用人现交人，让人心寒。即使勉为其难，也得不到真正贤者的鼎力支持。

韩非感叹鸠占鹊巢，奸佞（ning）当道，容不下廉洁正直之士。他又考察历史上的兴衰成败，写成《孤愤》《五蠹》《安危》《说林》《说难》等文。

他深知游说统治者改变其错误思想的难处，在《说难》中把这些情况写得淋漓尽致。这是一篇心理学杰作，主要思想为：游说的困难，不是难在你能否掌握充足材料和证据上，不是难在你能否组织语言明确地表达所思所想上，也不是难在你是否敢直抒胸臆、畅所欲言上，而是难在你能否知彼知己、准确把握对方心理并且用恰当的方法打动他上。如果对方想追求崇高的名望，而你却用厚利游说他，他肯定会认为你人格卑下，从而疏远你。如果对方是现实主义者，而你却用云山雾罩的理想主义游说他，他就会认为你脱离实际拿他开心（商鞅用"帝道""王道"游说秦孝公引起秦孝公反感，而用"霸道"游说他却被重用，就是这个道理），你也难逃被排斥的命运。如果对方满口诗书礼义，实际上是个注重利益的伪君子，你却用他标榜的仁义道德去游说他，他表面上会与你虚与委蛇（yí），哼哈答应，实际上则会疏远你，因为他醉翁之意不在酒，而在于道德外衣下的现实利益。如果你用重利去游说，他暗中吸纳你的建议，但是在公开场合还是要排斥你，因为他还要维护自己的虚伪形象。这些情况是游说者应该知道的。事情因为保密而成功，因为泄密而失败。有些事不是你故意要泄露的，而是言多必失。你说出了类似的事情，让别

第三章 法家人孤臣孽子 变法者奋不顾身

人举一反三，领悟了其中的玄机，这样你就有危险了。权贵有显而易见的错误，如果你实事求是、直言不讳，那么你就有危险了。权贵对你有戒心，你们的关系还没有到位，你说话过于坦率过于真诚，如果被你言中，事情可行，他也会转眼忘记你的功劳；如果按照你的说法事情出现偏差，那么你就会受到怀疑，你的处境就危险了。权贵心中已有算计并且想独占功劳，你如果提前说破，那么你就危险了（曹操杀杨修，原因之一就是杨修太能揣摩曹操的心意了）。权贵想做一件事，但是他却偏偏顾左右而言他，你若是知道了他的真实心意，你可就危险了。权贵迫于舆论压力才接受你的建议，或者你非要阻止他做心意已决的事（项羽灭掉秦朝后一心想衣锦还乡，而有人建议他在关中称王，建议不被采纳还口出怨言，难免要被诛杀），你可就危险了。如果你在权贵面前品评另外一个大人物，他就会认为你知道他的隐私，含沙射影，讥刺他的过失。如果你在他面前推荐一个名不见经传的小人物，他就会认为你背地里狐假虎威，利用权势培植你的个人势力。如果你在他面前谈论他喜爱的人，他就会怀疑你结党营私，想通过那个人达到个人目的。如果你在他面前谈论他憎恶的人，他就会怀疑你胳膊肘往外拐，为那人试探他的真实态度。若是权贵想考察你的文采，而你说话过于直截了当、简明扼要，他认为你无知，你就会遭受屈辱。若是他只想考察你说话办事的条理性，而你却引经据典、滔滔不绝，他就会认为你多端寡要，做事不得要领。如果你太过顺从他的心意，他就会认为你明哲保身，做事没有魄力。如果你说话面面俱到，他就会认为你夸夸其谈，态度傲慢，喜欢卖弄才学。这些情况都是游说者应该考虑的。

游说的关键在于：对权贵推崇的对象要进行合乎情理的夸赞，对他忌讳的事情则要避而不谈。如果他自认为决策英明，你就不要抓住实践

诸子百家

过程中的过失不放,让他难堪;如果他认为自己英明神武,你就不要把你的想法强加给他;如果他自认为力量强大无坚不摧,你就不要执意用他的困难阻止他(白起在"长平之战"后反对继续对赵用兵,他的意见是对的,可惜他阻止秦昭王的方式不对,一方面只强调困难,另一方面自己托病不出,最后于事无补,自己反而被赐死。笔者以为韩非不是说不劝谏,而是说要找到方法,不能一味硬碰硬,也不能消极抵抗)。如果权贵与甲的观点相同,与乙又有休戚与共的利益关系,那么你在游说他时,就不要伤害到甲与乙。如果权贵与丙犯有同样的过失,那么你就要尽量替丙掩饰一下。有些事不能急,欲速则不达。如果你是大忠之人,想要引导国君向善,那么你就要能走进他的内心世界,与他保持和谐的关系。如果你在为他深谋远虑时不被怀疑,与他争论原则性的问题时不被降罪,能在赞扬他的时候巧妙地辨明是非,能在自己建议受阻时以退为进,想办法多次进谏,那么拥有这种符合人情世故的劝谏方式,加上你们的亲近关系,就可发挥你的口才与智慧,你的游说就能成功了(庞统劝刘备夺取四川时,想摆"鸿门宴"杀了刘璋,他这就是不理解刘备的心理。刘备能成事主要是靠深谋远虑、人格魅力和道德资本,行事风格与曹操相反)。

　　如果想成就功业,人在微贱时就不能过于清高。伊尹为了向商朝"创始人"商汤陈说抱负,不惜委身做厨师;辅佐秦穆公称霸的百里奚在得志之前是奴隶。这两人都是圣人,尚且不能例外,一般的智能之士想要实现理想,就更不应以暂时的"屈"为羞耻了,要知道,能屈能伸才是大丈夫。由此可知进谏的困难。想要施展抱负不是容易的事,千里马太多,伯乐太少,要想不被埋没,就要体察人心人性。宋国有一个富人,由于天降大雨墙壁毁坏,他儿子说:"不修补好会遭盗贼的。"邻居也这么说。当天晚上,他家果然被盗。富人在悔恨之余,夸赞自己儿子

第三章 法家人孤臣孽子 变法者奋不顾身

聪明,却怀疑邻居是盗贼(寓言"智子疑邻"),认为他来劝说只是故布疑阵,想在取得自己的信任后趁火打劫。这种以感情用事、主观臆断为特征的思维方式是权贵独具的。郑武公想要讨伐胡国,却把女儿嫁给了胡君,并在会议上问:"我想要用兵,讨伐哪个国家较好?"关其思说:"可讨伐胡国。"郑武公杀了关其思,说:"胡国是我们的兄弟,你为什么挑拨离间呢?"胡君听说后,认为郑国和自己亲近而不加戒备,结果为郑所灭。这两个说客,他们的话都是符合实际的,但是重者被杀轻者被疑,说明看到事情真相不是最难的,最难的在于怎么处理、把握权贵的心理。

当年,弥子瑕(此人是卫灵公的男宠,类似于非常"好"的男朋友,关系密切)受到卫灵公的宠爱。卫国的法律规定,偷偷使用国君车驾,最高判罚是断足。一次,弥子瑕的母亲病了,有人连夜告诉他。因事情紧急,他就假借灵公的名义驾着国君的车子探望母亲。灵公听说后赞赏说:"孝顺啊!他为了母亲甘愿冒着被断足的危险。"弥子瑕和灵公到果园游玩,他感觉正在吃的桃子很甜,就把自己咬过的桃子进献给灵公。灵公说:"他太爱我了,只考虑我,忘了这个桃子是自己咬过的了。"

后来,弥子瑕色衰爱弛,有一次得罪了灵公。灵公说:"这个人曾经假托我的名义用我的车,而且更可气的是让我吃他的狗剩儿。"

弥子瑕还是那个弥子瑕,他当初被看作贤孝的典范,现在被视为"大不敬"的人并且获罪,根源在于卫灵公的爱憎感情发生了变化。因此,当你被权贵宠爱时,即使你做错了事他也会认为你做事恰当,千方百计地为你开脱;当你被他憎恨时,即使你做得再好,再为他着想,他也不领情,鸡蛋里挑骨头。因此,游说者不可不考察对象的爱憎然后有的放矢、对症下药。龙作为虫类,你可以驯服、玩耍并且骑乘它,但是它的喉下有逆鳞一尺，要是谁触动这个部位，它必然杀人。君主也有逆鳞，游说者能在不触动逆鳞的情况下达到目的的，简直是凤毛麟角。没有知彼知己，没有摸清游说对象的心理，就是俏媚眼做给瞎子看，再妩媚都是白费心思，他不会理会这种风情的。

因为不懂人情、人心，不知道劝谏也是要讲方式的，所以很多人有"把我的好心当成驴肝肺"的抱怨，所以有很多人用"刀子嘴，豆腐心"这句话为自己开脱或者自我欺骗。

这篇文章对笔者影响至深。

有人把韩非的书带到秦国，秦始皇看完《孤愤》《五蠹》后感叹道："哎呀！读其书，想见其人。我若是能和他交往，虽死无恨。"李斯说："这是韩非写的书。"于是秦始皇加紧了统一六国的步伐，拼命地攻击韩国。韩王安开始时不重用韩非，现在情况紧急，就派韩非到秦国斡旋。

秦始皇很喜欢韩非，但是因为刚见面，没有信任的基础，所以就没有任用他。李斯人格中有过于自私卑污的一面。他和姚贾谗毁道："韩非是韩国的贵族公子，如今您想吞并诸侯，与韩国势不两立，他终究会为韩国而不是为秦国考虑，这是人之常情。您留他在秦国久住，还不想任用他，如果再放他走，他一方面怨恨您没满足他的愿望，另一方面会刺探许多对韩国有价值的情报，您这是自留祸患，不如假借罪名依法杀了他。"秦始皇深以为然，就把韩非投进监狱。当然，更主要的原因是韩非出于对祖国的爱，极力建议嬴政"存韩""灭赵"，与秦国君臣首先"灭韩"的战略目标产生了分歧。

韩非想要当面诉说冤情，可惜见不到秦始皇的面。李斯怕夜长梦多，就派人给老同学韩非送去毒药，逼其自杀。后来秦始皇果然后悔，派人去赦免韩非，可惜韩非已死。

◎延续至明清的统治韬略

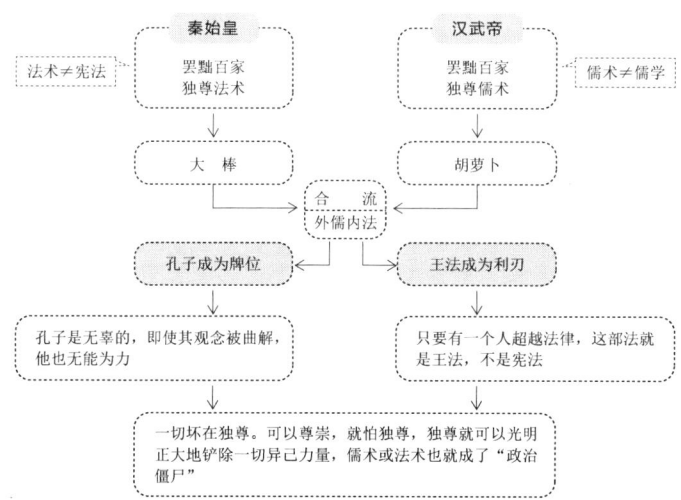

司马迁说申不害、韩非全都有传世名著，学者大多有他们的书。他只是慨叹韩非是《说难》的作者，却不能摆脱游说的危险与祸害。司马迁这也应该是悲叹自己的身世。他的《史记》彪炳千古，但在当时他却不能阻止汉武帝伸向他胯间的刀。与其说这是他对韩非的讽刺，不如说这是他兔死狐悲、对专制政权的血泪控诉。值得庆幸的是，哲人其萎，伟业不堕。韩非虽死，其思想永存。他没白活一场，《韩非子》恐怕是帝王们的枕边书。

法家言出必行，令下如山，运用得当没什么不好。"王道"必须以"霸道"和实力为后盾，否则空谈"仁义"只会让人嘲笑。

文能载道，武亦能载道。

第四章　学儒学不学儒教　重在行知行合一

孔子被尊为"万世师表""帝王师""孔圣人"。

孔子的祖先是宋襄公，宋襄公是宋国"创始人"宋微子的后人，宋微子是商纣王的同父异母兄长，商朝灭亡后他被周天子封在宋国。这样说来，孔子和商纣王还是同宗。

孔子的太爷孔防叔为了躲避宋国的内乱，举家迁徙到鲁国。孔防叔生孔伯夏，孔伯夏生叔梁纥（hé），叔梁纥生孔子，因此孔子的籍贯为宋国，国籍是鲁国。

叔梁纥先是娶妻施氏，生了九个女儿，其妾生了长子孔孟皮。孔孟皮腿脚不好。叔梁纥年纪很大时，在不合礼法的情况下娶了颜氏之女，夫妻俩到尼丘山祈祷后，生下了孔子。孔子的头顶，中间凹两边凸，所以起名孔丘，字仲尼。

孔子生活在春秋末期，与老子、晏子是同时代人物。

这基本上是孔子的出身。

第四章 学儒学不学儒教 重在行知行合一

关于孔子之思想,从古至今对其论述的著作汗牛充栋。儒学不是笔者研究的侧重点,加上人微言轻,所以不能妄下断语。

笔者曾经痛恨近代中国社会思想僵化、积贫积弱,一直把过错归结在孔孟之道上,后来读过《论语》,感慨颇深。在没有做深入研究之前,笔者信守一条准则:一定要把孔子与孔教区分开来。

对于孔教,笔者认同鲁迅的说法:那是"吃人的礼教"。我们不能做现代的"孔乙己",必须去除僵化的思想。

在本文中笔者只选几件孔子的逸事。

◎孔子的个人能力确实让人咋舌

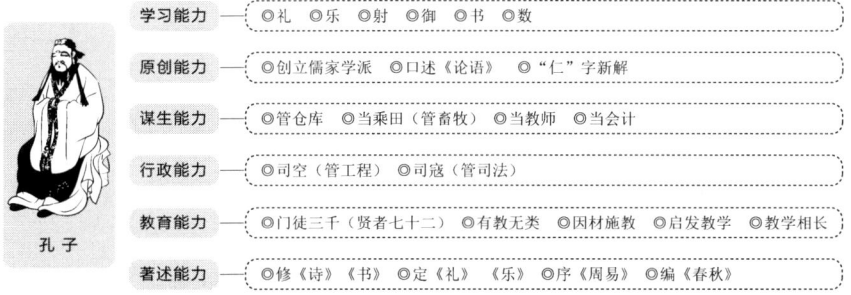

孔子曾经向老子请教问题。临走时老子说:"我听说,富贵者送别时赠送钱财,有德者送别时赠送良言。我不是有钱人,别人不以我鄙陋,认为我是仁者,我就大言不惭,赠送您几句话:太过聪明、过于较真的人会受到死亡的威胁,因为他喜欢议论人的短处和缺点;知识广博、能言善辩的人自身会遭受苦厄,因为他喜欢揭露人的隐私和罪恶。作为人子,要忘掉自己孝顺父母;作为人臣,要忘掉私利一心为公。"

孔子回到鲁国后,跟随他的弟子增多了。孔子说过"敏于事""讷于言",就是说,多做事,少说话,这应该与老子的那番话有共同点。

老子不是说聪明、认真、广博、善辩不好,而是说要有"度",要多做少说,要"藏拙",要"大智若愚",聪明不要过于外露。

孔子的谦虚品质让人佩服,但是这份谦虚不容易做到。他的名言"三人行,必有我师焉"让人深思。这句话应该包含两方面的内容,一是学习对方的优点,人不是完人,要想进步就只能多从别人身上汲取营养;二是从别人的缺点和失败中吸取教训。

北京市西城区达智桥胡同 12 号是杨椒山故居。杨椒山也叫杨继盛,是明朝嘉靖时人,因为反对严嵩被杀害。此地也是康有为、谭嗣同领导举人"公车上书"的地方。杨椒山下面这句名言值得用一生来参悟:遇事虚怀观一是,与人和气察群言。上半句是说不要轻视任何人,哪怕他身上只有一个优点自己也要学习,但难在"遇事"上,人一遇事,有时能虚心,有时并不怎么虚心;下半句是说要和气待人,让人畅所欲言,这样自己才可以体察其深意,但难在"察"上,"察"不是一般的"察",不是做出谦虚的样子给人看,而是真正虚心体察,这样才能从中汲取智慧和力量。

杨椒山的名言和孔子的名言异曲同工,都是说人要谦虚学习,要正视自己的缺点,这种品质很难得。承认技不如人,是需要极大勇气的,是对自己自尊心的挑战,然而这只是第一关。光是认识到了也没用,还要用实际行动来改正,然而这只是第二关。今天改了明天又犯还是没用,还要有一以贯之的持久性,然而这只是第三关。到什么时候才算结束呢?盖棺论定。奋斗到死,这项工作才算做完。很多人第一关都没有达到,就希图大成功。

笔者说话较冷,您最好还是先上好修身这一课吧,您最好还是先自我反省、自我批判吧,没有自知之明只会给您带来无尽的痛苦。

第四章 学儒学不学儒教 重在行知行合一

◎批评与自我批评

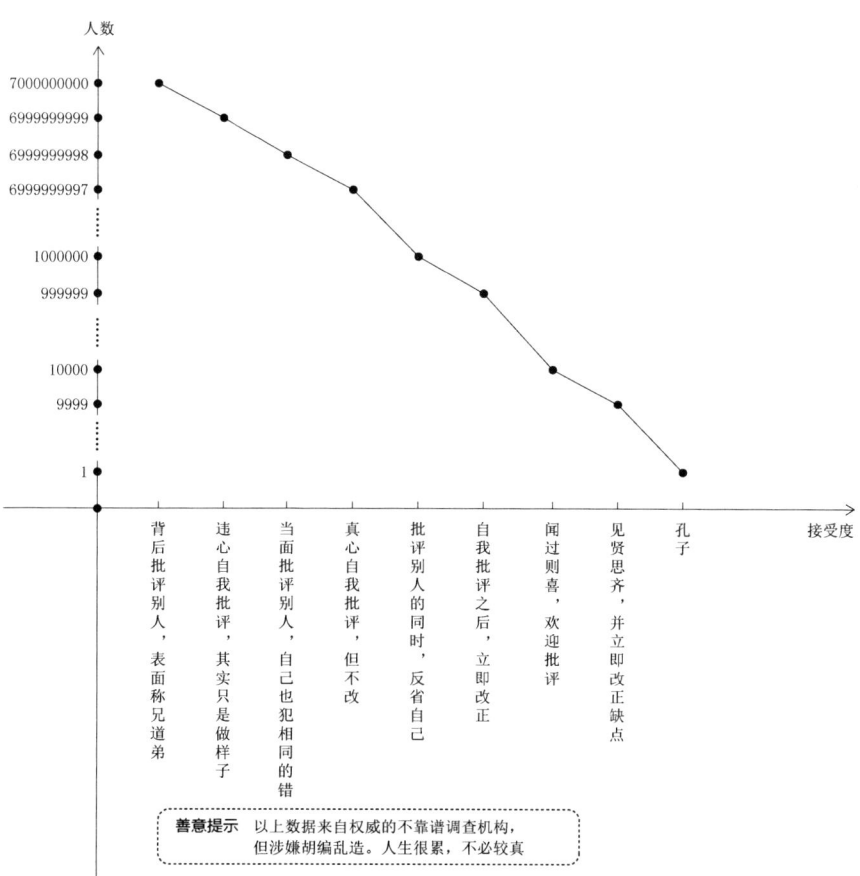

写孔子的书很多，我们其实只要把他的几句话落到实处，就会受益终身。我们学习孔子主要是学习他怎么做人。光说不做，哪怕您熟背《论语》，也仅是空头理论家而已。

有一句俗话"耳听为虚，眼见为实"，是说不要轻信人言，只有自己看到才能放心。但是，看完《吕氏春秋》上一个关于孔子的"米饭事

诸子百家

件"，我们可能要重新思考了。

孔子周游列国宣传自己的"仁政"思想，四处碰壁。他穷困潦倒，有一次连着七天没有吃上像样的饭。弟子颜回讨点米回来为他做饭。饭快熟时，有点烟灰落入饭中。颜回知道这点米来之不易。饭虽脏了，但弃之可惜，他就把沾染灰尘的饭吃了。颜回吃饭这一幕恰好让孔子看到了。孔子知道颜回的品质。颜回不是偷吃的人，特别是在这非常时期，可偏偏又看到他偷吃，孔子心中很是疑惑。问明情况后，孔子对弟子们感叹道："所信者目也，而目犹不可信；所恃者心也，而心犹不足恃。弟子记之：知人固不易。"

孔子告诉我们，看人看事不要犯主观主义错误，亲眼看到的事也未必可靠。

◎孔门十哲的简介

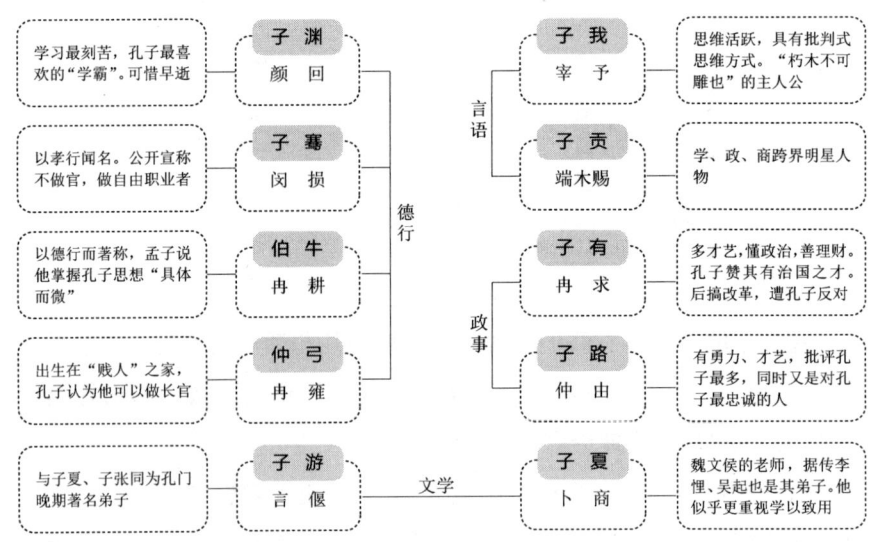

第四章　学儒学不学儒教　重在行知行合一

记住，认识一个人不是容易的事，不要轻易下结论，眼睛也可能误导我们。连眼见都未必为实，那就更不用说道听途说的无稽之谈了。要调查研究，要用头脑分析。

在这个"米饭事件"中，当事方是把这件事摆在了桌面上。如果孔子不是非常了解颜回，如果孔子把这件事埋在心里，那么直到死他都可能认为颜回品行不端。

孔子有一句话"己所不欲，勿施于人"，就是"推己及人"，用现在的话说即"换位思考"。此语大有大用，小有小用，可以广泛应用在为人、处世、管理等方方面面。

我们管中窥豹，可以想见孔子思想的博大精深。现在解读孔子的大家很多，笔者因为浅薄无知，只能说出一点心得。若要进一步了解，请看名家解读。但是，诸君最好看原著，自己品评。

◎圣人与普通人的区别

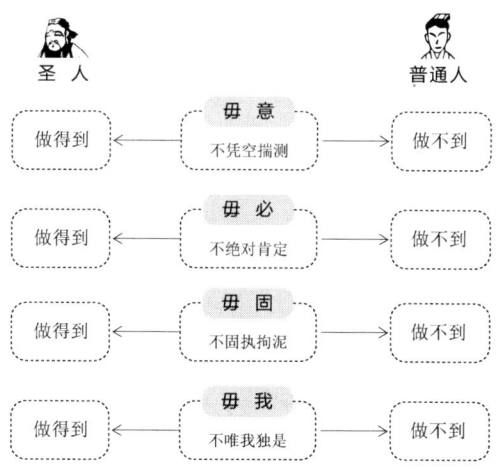

诸子百家

孔子仅凭"好学""好仁""好问""谦虚"这几条就是当之无愧的"万世师表"。

在《史记》原著中，司马迁对老子、韩非子的描写不多，对孔子的记载比较详细，为我们留下了很重要的关于孔子的史料。他在写《管晏列传》时，行文也很简略。他认为管子和晏子这两人都有专门的书记载其事迹，如《管子》《晏子春秋》，要想深刻了解他们，只有研究他们的著作，因此他只写了两人的逸事。

笔者也学习一下圣贤的笔法，然而，画虎类犬，未免贻笑大方。

完全靠道德治国肯定行不通。你讲"克己复礼"，但是别人打你，你还猛虎屯于阶下，犹谈因果，这只有唐僧做得到。而且完全靠道德，必须全世界人都遵守这种道德，不能有人破坏规则，这种情况好像几百辈子也看不到。法家过于刚性，未必完全正确，但是相对来说可操作性强，如果辅以儒家的道德建设，那才是真正的好方法。

汉武帝尊儒，但是他还有一条，他同样尚武，"明犯强汉者，虽远必诛"（原话是陈汤说的，但放在汉武帝身上也十分合适）。唐太宗也讲儒、讲文治，但是他的武功同样厉害，他被突厥等少数民族尊为"天可汗"，就是"可汗中的可汗"。我们要讲他们那样的"儒"，否则全靠道德说教是没有用的。

我们不要讲为自己的懦弱无能找借口的"仁义"，我们要讲以强大的实力为后盾，"为天地立心，为生民立命，为往圣继绝学，为万世开太平"的"仁义"，这种"仁义"才是"大仁义"，这种"仁义"才是"真仁义"，这种"仁义"才是有现实意义的"仁义"。

其实，道中有法，法中有道，不要看他标榜什么，而要看他实际怎么做。听其言，观其行，重点是看他的行动，否则搞一些新概念有什么

第四章 学儒学不学儒教 重在行知行合一

用呢?

依笔者愚见,不管个人还是国家,都应该博采众家之长。一个人如果顿顿吃山珍海味,会吃死。要想健康,不能偏食。国家这个肌体要想健康,也是同样的道理,只有兼收并蓄,才能保持新鲜、保持创造力。

海纳百川,有容乃大,让我们学习大海的博大吧!

厚德载物,含弘光大,让我们学习大地的担当吧!

孟尝君传

> 百二山河壮帝畿,关门何事更开迟。
> 应从漏却田文后,每度闻鸡不免疑。
> (唐)崔道融《关下》
>
> 狗盗鸡鸣却遇知,可怜真士不逢时。
> 诗书若作空言看,凤至鸾游孰致之。
> (宋)张镃《孟尝君》

第一章　海大鱼意境深远　孟尝君食客三千

孟尝君田文（其与后面的平原君、信陵君、春申君，被称为"战国四公子"）是田氏齐国的贵族，他的父亲叫田婴。田婴是田氏齐威王（齐威王就是《邹忌讽齐王纳谏》中的齐王，也是军事家孙膑侍奉过的君主，"田忌赛马"也发生在齐威王时代）的小儿子（此说存疑）。齐威王死后，其子齐宣王（让"滥竽充数"的南郭先生有饭吃的那个人）继位。田婴与齐宣王是同父异母的兄弟。

大家知道，孙膑曾两次用了"围魏救赵"的策略，第一次是在齐威王四年用的，打败了魏将庞涓；第二次是在齐威王十六年用的（按主流说法），又大败魏军，并且灭掉了自己的宿敌庞涓（庞涓兵败自杀）。

田婴在齐威王时代就开始担任公职，在孙膑第二次用"围魏救赵"的策略时，他和田忌、孙膑共同带兵，击败庞涓（庞涓兵败自杀），俘虏了魏国太子魏申。到了齐宣王九年时，田婴被任用为齐国国相。后来，他挑拨越国勾践的后代子孙去攻打楚国。楚威王（楚威王，公元前339年

孟尝君传

至公元前329年在位;齐宣王,公元前320年至公元前302年在位,两人不同时。如果这个人是楚怀王,公元前328年至公元前299年在位,有可能。今不辨析,只按《史记》原文叙述)大怒,攻打挑拨离间的齐国,大败齐军。齐国请和。

楚威王逼迫齐宣王,要他罢免田婴才肯退兵。田婴派出辩士张丑游说楚威王道:"您之所以能够打败齐国,是因为田盼子(当时齐国的贤士)没有被任用。他功勋卓著,百姓也十分拥护他,可田婴排挤他,任用了不得民心的申纪为副手。如果您一定要逼迫齐王驱除田婴,那么田盼子肯定会被重用。他若重新整顿军队,抚慰百姓,对您可是不利啊!"楚威王这才不再坚持驱除田婴。

田婴当了十一年国相。齐宣王去世,齐湣王(让"滥竽充数"的南郭先生无法再装腔作势的那个人)继位。齐湣王三年,田婴被赐予封地薛邑(今山东滕州附近。薛本来是一个小国,被齐吞并了。薛姓的来源之一就是薛国。以国为姓是百家姓的重要来源)。

《战国策·齐策》中记载了一个"海大鱼"的故事,主人公就是田婴。田婴被封在薛邑以后,就想修建高大的城墙,为自己构筑安乐窝。他当时已经位高权重了,如果再这么做,恐怕要引起别人的胡乱猜疑了——他是不是有什么不轨的行为呀?门客们纷纷劝他不要这么做,可田婴是王八吃秤砣——铁了心了,并且对门卫保安说:"不要为那些阻挠我建城的人通报。"众人无可奈何。

一天,有一个人请求拜见,说:"我只说三个字就走,多说一个字就请用油锅烹了我。"保安进去通报,田婴竟然鬼使神差地答应了他的请求。这人进来后只说了"海大鱼"三个字,转身就走。田婴不知这三个字代表什么意思,就说:"你请留步,把话说清楚再走。"来人说:

第一章 海大鱼意境深远 孟尝君食客三千

"我可不敢拿自己的生命开玩笑。"田婴说:"但说无妨,我赦免你无罪。"来人道:"您见过在大海里自由遨游的大鱼吗?它在大海里自由自在,任您渔网钓钩都拿它没办法,可它一旦滞留浅滩,无用武之地,就连蚂蚁都敢戏弄它。如今您就像那条大鱼,而齐国就是您赖以生存的海水。齐国在,您就在,您还建造薛城干什么?如果齐国灭亡了,您就算把薛城建造得高耸入云又有什么用呢?这样和那条搁浅了的大鱼有什么区别呢?"他一席话说得田婴心服口服,就停止了修建薛城的计划。

田婴建城的行为与董卓相似。董卓修建郿坞,储存了够吃几十年的粮食,以为一旦失败,还可以退回这个乌龟壳里当富家翁,结果这事成了南柯一梦。"海大鱼"这个故事与《触龙说赵太后》《邹忌讽齐王纳谏》《孟子见梁惠王》一样,都是说话讲究方式方法的典范,比喻贴切,说理透彻,能让人接受,能达到劝解的效果。

说话办事的方法问题是人生应该潜心研究的重大课题。想要人接受你的建议,确实需要懂得沟通的艺术。

田婴有四十多个儿子,他的一个出身贫贱的小妾生了孟尝君田文。田文是五月初五生的,按当时的迷信说法,这个生日不吉利,这天生的孩子会妨害父母。田婴就对田文的母亲说:"别养活他了。"意思是悄悄处死算了。母亲哪能亲手杀自己的儿子呢?她就偷偷地把田文养大了。等他长大后,他母亲让他去拜见父亲田婴。田婴责备小妾说:"我当初让你抛弃他,你怎么敢自作主张养活他呢?"田文叩头道:"您不愿意养育五月初五出生的我,是什么缘故呢?"田婴说:"五月初五出生的孩子早晚会长得跟大门一样高,男孩克父,女孩克母,所以我才让她抛弃你的。"田文又问:"那您的命运是由天注定的呢,还是由门户操控的?"田婴无言以对。田文说:"如果人受命于天,即使我异常高大又有什么妨害呢？如果人受命于门户，那么只要把大门增高就是了。可谁能长那么高呢？"田婴说："孩子，不用说了。"他现在不得不承认自己的理论站不住脚，而田文也确实指出了这个迷信说法的虚妄之处。其实，田文一直身材矮小。

这样，田婴算是承认了田文。过了很久，田文趁田婴闲暇时问道："儿子的儿子叫什么？"田婴答道："孙子。"田文又问："孙子的孙子叫什么？"田婴答道："玄孙。"田文又问："玄孙的孙子叫什么？"田婴说："我也不知道。"田文道："您已经历威王、宣王、当今齐王三代，任两代齐王的国相，齐国领土没见扩大，而您个人的财富却积累了成千上万，招纳的门客尽是酒囊饭袋之辈。我听说，将门出将，相门出相（意思是龙生龙，凤生凤，老鼠的儿子会打洞）。如今您的姬妾仆从践踏绸缎、浪费美食、奢侈放任，但是贤能的士人却衣不蔽体、食不果腹。现在您还喜欢积累财富，想把财产留给不知道有没有福享用的人，而国家大业却日益败损，我真感到奇怪。"孟尝君（为了叙述方便这么称呼）的意思是，对于田婴本人来说，荣华富贵已享用不尽了，不要贪得无厌，现在最重要的是积累德行，多为公家办事，这样才能长治久安，否则遗留再多财产后人恐怕也无福消受。

这时候田婴才真正佩服孟尝君的远见和冷静，开始器重他，让他主持家族内部事务，接待五湖四海的贤能人士。

田家门客日益增多，事业更加兴旺。孟尝君声名鹊起，为人称道。

后来，各诸侯国都派代表来请求田婴立田文为继承人，田婴答应了他们。田婴去世后，谥号为靖郭君。田文执掌了家族事业。

这就是孟尝君，"食客三千"的"孟尝君"。后来，好客好交朋友的人大都被称为"小孟尝""赛孟尝"等。

第一章　海大鱼意境深远　孟尝君食客三千

孟尝君在薛邑招待各国宾客和那些在别国因犯罪无法立足而投奔他的人。他将三教九流、黑白两道一网打尽，都收归门下。孟尝君仗义疏财，厚待宾客，对宾客一视同仁，因此揽尽天下的士人，最多时食客达到三千人。

孟尝君在接待宾客时，屏风后面总是站着贴身秘书，负责记录他与宾客的谈话。孟尝君总是询问宾客亲属的生活情况，而秘书则把这些个人情况统统记录下来。日后孟尝君就派人去慰问并赠送财物给他们的亲属，特别是贫穷的士人。

人在穷困的时候被救助最容易受感动。

孟尝君曾招待客人吃晚饭，有一人背对着灯火，躲在黑影里吃。另一人发怒，以为饭菜不一样，就停止用餐，要告辞离开。孟尝君赶忙起身，把饭菜端过来比较，包括孟尝君自己的，都一样。这个客人惭愧不已，说："孟尝君如此待人，我却妄加猜疑，真是小人。我还有什么面目再见他呢？"于是拔剑自杀了。

这次"攀比饭菜事件"让孟尝君名声大噪，士人因此大多归附孟尝君。孟尝君对他们都很好，人人都认为孟尝君亲近自己，也都乐于为他做事。

第二章　过函谷鸡鸣狗盗　不择言飞来横祸

秦昭王（秦始皇的太爷、被蔺相如挫败嚣张气焰的那个人）听说孟尝君是奇才，便把自己的亲弟弟派到齐国做人质，想交换孟尝君。

孟尝君想去秦国，门客们认为此行凶险，都劝阻他，可他不听。大纵横家苏秦的弟弟苏代对他说："今天早晨我从外边来，听到木偶与泥人交谈。木偶说：'天下雨的话，你将要散解了。'泥人说：'我本身就是泥土做的，毁坏了也是重回大地母亲的怀抱。而你如果被雨水冲走，随波逐流，不知会停在何方。'现在的秦国为了削弱其他国家而不择手段，您到秦国去不正像那个前途未卜的木偶吗？如果您到时出了问题，不是要被泥人耻笑吗？"孟尝君这才作罢。苏代的隐语大概意思是：在齐国，他呼风唤雨，有问题好解决。如果到了秦国，人生地不熟，孤立无援，一旦秦昭王变卦，他就没办法自救了。

后来，孟尝君还是到了秦国。

秦昭王要任用孟尝君为秦相，有人劝说秦昭王道："孟尝君本领通

第二章 过函谷鸡鸣狗盗 不择言飞来横祸

天,声望很高,而且是齐国的贵族,如果做了秦相(一说已为秦相,又被罢相),他一定会先考虑齐国的利益,这样秦国就危险了。"秦昭王这才作罢。秦昭王担心孟尝君为别人所用,就把他囚禁起来,想谋害他。

孟尝君派人到秦昭王爱妾那里打通关节,想让她美言几句。这爱妾说:"帮忙可以,但我想得到孟尝君的那件白狐狸皮大衣。"

孟尝君还真有一件价值千金的大衣,天下无双,可她说晚了,孟尝君刚到秦国时就把它献给秦昭王当见面礼了,再没有了。

孟尝君深表忧虑,问遍门客,也没人知道哪里还有这样的大衣。坐在最末位置上的一个人善于扮狗在晚上偷东西。这个人应该是身轻如燕、身材矮小的人,还应该善于学狗叫进行伪装,但这些本领都上不得台面,是《水浒传》中"鼓上蚤"时迁一类的人物。他站起身说:"我能把狐皮大衣拿到手。"晚上,他飞檐走壁,进入秦国宫室的仓库中,把献给秦昭王的那件大衣偷了出来,献给那个女人。那个女人笑得眼睛眯成了一条线,立刻向秦昭王求情,秦昭王就把孟尝君放了出来。

孟尝君一出来,就立刻动身要离开秦国。他把自己护照上的姓名换了,半夜时到达函谷关。只要一出此关,他就基本自由了。

而秦昭王放了孟尝君后就后悔了,派人寻找,发现他已经离开了,就立即派人快马加鞭地追赶。

如今前有关隘拦阻,后有快马追兵,孟尝君急得如同热锅上的蚂蚁。按照秦国的规定,只有鸡叫了才可以打开城门放人出入。孟尝君多待一分钟就多一分钟的危险,于是他又向门客征询意见。这次也是一个平时排名靠后的人自告奋勇说,他有办法。原来他最擅长学公鸡打鸣。他一叫,其他公鸡就都跟着啼叫起来。那时没有钟表,开城门没有固定的时间,守城官吏虽然感觉那天鸡叫得早了点,但也没往心里去,就打开了城门。孟尝君把假护照递了过去，守卫没看出破绽就放行了。

出关后有一顿饭的工夫，秦王的追兵就到了函谷关。可这时孟尝君已经逃之夭夭了，追兵只好无功而返。

当初孟尝君把这两个人列为宾客时，其他人都以和这两个人同列为耻，而在孟尝君遭受灾难的时候，却是这两个人拯救了这个团队。从此以后，其他人再也不敢小瞧他们了，而对孟尝君则更是佩服不已。对于孟尝君来说，真应了那句老话：无心插柳柳成荫。

成语"鸡鸣狗盗"源于此，现在多用于贬义。

孟尝君路过赵国，"战国四公子"之一赵国平原君赵胜盛情款待了他。赵国人都听说过孟尝君的大名，就争相出来观看，一见到他，都笑着说："原来以为孟尝君是高大魁梧的样子，现在才知道他不过是个五短身材的汉子罢了。"以貌取人不好，再出言讥讽就更不好了。

孟尝君听到后十分恼火。跟他一同来的门客就跳下车来，连砍带打，击杀了数百人，最终把全县的人都杀光后才离开。

把全县的人都杀光可能是夸张的说法，但不管怎么说，他们应该是杀了不少人。这些人因为口中无德才招此祸患，而孟尝君没有有效制止杀人事件，也显得他气度不足。大丈夫还怕身材矮小吗？由此事件也可以看出，孟尝君的手下鱼龙混杂，暴徒不在少数。其实孟尝君没有必要这么做。就在他们齐国，但那时是姜氏齐国，曾经有一个叫晏子的国相也身材矮小，但声名显赫。有时生理缺陷或自以为的缺陷容易成为人心里最不愿触及的伤痛。

姜氏齐国的齐顷公为了讨自己母亲的欢心，把几个驼背、独眼、跛脚的外国使者戏弄个够，分别派了一个和他们身体缺陷一模一样的人来接待。后来，他差一点因此被杀死。

第二章　过函谷鸡鸣狗盗　不择言飞来横祸

拿人的身体缺陷开玩笑是对人最残忍、对己最危险的行为，因为人一旦被人看不起，就会产生自卑心理，自卑感转化成的报复心是最可怕的。拿破仑说过一句话，大意是：谁敢嘲笑我身材矮小，我就砍下他的头，让他比我更矮。

◎孟尝君的密切相关者

	人物	关系	详情
1	田婴	父亲	田婴有子40余人，孟尝君以才能胜出成为继承人
2	齐湣王	君主	二人互相猜忌，齐湣王忌惮孟尝君，孟尝君多次离开齐国
3	秦昭王	君主	一度欲拜孟尝君为相，后又听信谗言，欲杀孟尝君
4	鸡鸣狗盗者	门客	帮助孟尝君从秦国逃脱
5	平原君	朋友	两人互粉，孟尝君经过赵国，平原君以客礼相待
6	泾阳君	人质	为质于齐，换取孟尝君信任，邀请其入秦
7	苏代	说客	至少三次游说孟尝君，一次为孟尝君，一次为周，一次为自己
8	魏子	门客	收租赠予贤者，后孟尝君遭齐王猜忌，贤者自杀为孟尝君证清白
9	冯谖	门客	三千门客中最优秀的一个，贡献了成语"孟尝市义""狡兔三窟"
10	魏昭王	君主	当时人才流动很正常，孟尝君为齐相，又做过魏相
11	齐襄王	君主	初立时惧孟尝君，示好。后孟尝君死于魏，诸子争立，齐、魏灭薛

第三章　为齐相频频遭妒　做薛公时时心惊

齐湣王的内心十分不安，因为是他派遣孟尝君到秦国去的，并且差点出事，所以孟尝君回到齐国后，他就任命孟尝君为齐相，主持政务。

孟尝君怨恨秦国，总想报复。

齐国曾经帮助韩、魏攻打楚国，孟尝君就要求韩、魏帮助齐国攻打秦国，又向当时小得不能再小、名号又极响的西周借粮。其实，这时的周朝只剩洛阳一圈了，这个小朝廷又分为两半，当时称为东周和西周（与通常所说的"西周时代""东周时代"不是一个概念，在这里是指战国时期出现的两个小封国——西周国与东周国）。

孟尝君向西周借粮，西周派苏秦的弟弟苏代到齐国游说孟尝君不要扒皮。

大家可能要问，苏代到底属于哪国的？苏代的故乡在洛阳，所以他是西周人。当时，辩士大多没有固定的老板，属于自由职业者，加上有时无事生非、煽风点火，所以人们对他们颇有微词，认为他们没有道德

第三章　为齐相频频遭妒　做薛公时时心惊

操守,有奶便是娘。

苏代对孟尝君说:"齐国帮助韩、魏攻打楚国,得到的土地都划归韩、魏了,齐国无利可图。如今您要攻打秦国,败了对齐国有害,胜了对齐国也无益。为什么呢?韩、魏两国东面是齐,南面是楚,西面是秦,如果他们南无楚忧,西无秦患,那肯定要向东用兵,那样齐国就危险了,我都替您害怕,因为您是齐相,出了问题肯定是第一责任人。您不如兵临函谷关佯攻秦国,也不用向我们西周借粮,只是虚张声势,然后由我们西周出面为您争取利益。我们对秦王说:'孟尝君不是真心想击败秦国增强韩、魏的实力。他进攻秦国,只是想迫使秦国给楚国施加压力,让楚国把东北部土地割让给齐国,并且释放楚王,这样齐、秦就可以和解了。'若让我们西周替您转达这层意思,事情的成功概率较大,因为秦国能够因此不受攻击,况且被割让的土地是楚国的,秦王应该愿意这么做。而楚王若因此被释放,也会感激您。如果齐国因此扩大了疆域,您的地位也就得到了巩固提高,而秦国位于韩、赵、魏的西面,由它继续牵制韩、赵、魏三国,这三国一定会更加倚重齐国,这不是很圆满吗?"孟尝君称善,于是加紧实施这个计划。

西周不借给齐国粮食的目标实现了,孟尝君的要求却没有得到满足,因为秦昭王死活不放楚怀王,最后楚怀王死在了秦国。但苏代能够达到目的,说明他对当时的列国纷争、权力制衡把握得很准,这才能说到孟尝君的心坎里去。苏代确实是公关高手。

孟尝君在担任齐相期间,有一个叫魏子的门客负责给他收缴薛邑的租税。当时所说的"封地""封邑""领地",都是指拥有这个地方的收税权,类似于现在的收取地税权,只不过当时的地税收入归个人所有,不像现在收归地方财政。也有被封领地的主人拥有该地的行政任免权,

孟尝君传

即该地的"公务员"不是由国家指派,而是由领地的主人直接任命的,但这种情况较少。一般来说,国家都会把人事任免权收归中央,因为这是执政的基础。讲汉代历史时,也有被封领地的情况,基本上都是指拥有征收赋税的权力。

魏子去了薛邑三次都没带回一点收入,孟尝君很奇怪,就问他是什么缘故。魏子说:"有个贤人贫苦无依,我私自做主以您的名义把租税给了他,所以没带回来。"孟尝君生气地斥退了魏子。

过了几年,有人在齐湣王面前诋毁孟尝君,说孟尝君将要谋反作乱。正好赶上有一个叫田甲的反叛,劫持了齐湣王。齐湣王脱险以后,怀疑孟尝君是主谋。孟尝君知道这件事以后就逃亡到国外了。这种事说不清道不明,还有可能越描越黑,特别是君王起了疑心以后,所以孟尝君决定还是先逃走保住性命再说吧。

孟尝君的门客魏子接济的那个贤人听说孟尝君的事以后,便上书申诉说,孟尝君不会作乱,一定是别人恶语中伤,他愿意用生命来起誓,就在王宫前自杀来为孟尝君的清白作证。齐湣王大吃一惊,就派人调查事情的真相,查明孟尝君果然没有阴谋叛乱,便又召回了他。孟尝君趁机借口有病,想告老还乡回薛邑,齐湣王同意了。

孟尝君回薛邑后无法完全清闲下来,因为他树大招风。后来齐湣王因为打了几个胜仗,自高自大起来,认为自己天下无敌,用不着孟尝君了,最重要的是,他始终忌惮孟尝君的势力,就又想清除他。孟尝君只好逃到与齐国相邻的魏国。

魏昭王重用了他,任他为魏相。

在此前,齐国曾趁着北面的燕国发生内乱时讨伐燕国。燕昭王继位后,励精图治想要雪耻。他派乐毅为将军,联合秦、赵、魏、韩攻打齐国，齐国只剩即墨城与莒城两地没有失陷。这次联合军事行动，孟尝君也参与其中了。

齐湣王出逃在外而死。后来，齐国人田单用"火牛阵"打败联军，齐湣王的儿子齐襄王继位。

孟尝君这时保持中立态度，不归属于任何一方。齐襄王刚刚继位，害怕孟尝君对齐国不利，就主动和他亲近，想修复友好关系。

孟尝君死后，他的几个儿子争着继位，齐国趁机和魏国联合灭掉了薛邑。孟尝君没有了为他延续香火的后代子孙。

第四章　焚债券孟尝市义　寻退路冯谖救危

在收入《古文观止》的文章中，有一篇《冯谖客孟尝君》，讲述了孟尝君的门客冯谖（xuān。另作"驩"，huān）如何幽默睿智、富有远见的故事。

当初，冯谖听说孟尝君好客，就穿着草鞋来了。孟尝君看见他贫穷落魄的样子，就问："先生不怕我田文让您蒙受耻辱，远道而来，不知有何见教？"冯谖说："听说您广纳宾朋，而我因为贫困想投靠您。"孟尝君听罢把他安排在下等宾馆。

十天后，孟尝君问宾馆经理说："冯谖这几天在做什么？"经理说："冯先生真是穷啊！他只有一把用草绳缠着剑柄的破长剑。他弹着剑打节奏，吟唱道：'长剑啊！我们还是走吧，在这里连鱼都没得吃。'"孟尝君听罢哈哈大笑，把他安排在中等宾馆，有鱼有肉吃了。

五天以后，孟尝君问宾馆经理，冯先生有没有意见，经理说："冯先生对饮食比较满意，但是他还是弹着那把破剑吟唱道：'长剑啊！我

第四章 焚债券孟尝市义 寻退路冯谖救危

们还是走吧,在这里连车都没得坐。'"孟尝君认为这个人太幽默了,就命人把他请进高级宾馆,出入有专车接送了。

过了五天,孟尝君再次打听情况,宾馆经理说:"冯先生的要求真是芝麻开花节节高,他现在弹着破剑吟唱道:'长剑啊!我们还是走吧,我在这里工资微薄,无法养家。'"左右都厌恶他,认为他太贪婪,不知满足。孟尝君问:"他家里有什么亲人?"有人说:"有老母亲。"孟尝君于是派人资助他母亲衣食钱物,让她别缺东少西的,冯谖这才不唱歌了。

这个典故叫"弹铗而歌",也叫"冯谖弹铗""长铗歌""长铗归来","铗"(jiá)指剑。弹铗而歌指有才干的人受到冷遇,心中不平,也指对人有所希求,可无法当面说,只好绕个圈子来点拨。

这样过了一年,冯谖没有再说什么,也没有再吟唱自己作词作曲的歌,可孟尝君现在却捉襟见肘了。

冯谖来时,孟尝君的食客有三千人。他的领地薛邑有一万多户人家,收取的赋税不够供养这么多门客,于是他派人到薛邑放债,以求收取利息贴补家用。

一年以后,债务人大多还不上利息。这样一来,门客的供养接不上了,孟尝君很忧虑。他这时外红里空,有苦难言,只好打肿脸充胖子。许多所谓的有钱人都会因为扩张过度、奢侈浪费而遇到这种情况,"由俭入奢易于下水,由奢返俭难于登天"。

孟尝君问左右:"谁可以去薛邑收债?"那个宾馆经理说:"冯先生容貌出众,像个厚道人,没看出他有别的本事,让他收债应该合适。"

孟尝君把冯谖找来对他说:"宾客没有因为我田文不成器而远离我。如今食客三千,可薛邑的地税收入不够宾客的开销,我只好在薛邑放有息贷款。然而今年年景不好，老百姓还不上利息。本来我可以不追着要利息的，但是我现在无力供养宾客了，所以请冯谖先生去讨要利息。"冯谖说："您就放心吧，我肯定把事情办好。"

冯谖到了薛邑，收到利息十万钱后，就把欠孟尝君钱的人都召集到一起。然后，他置办美酒，买了肥牛，又对债务人说，大家不管能不能还上利息都再集会一次，我有话要说，来时请把借钱的合同都带来，我要当面验看。

这些债务人都来了。当天，冯谖宰牛摆酒，大家痛饮一顿。当酒喝到畅快时，他把这些人手中的合同都拿来验证，仔细询问他们家里的情况。冯谖之前应该有所调查。大家都实话实说，讲明了自己的困难。能还利息的，他跟他们约定好期限；实在贫苦无依的，他把这些人的合同都收上来烧掉了。冯谖说："薛公之所以要放债，是为了给那些无以为生的人一点本钱，做点事谋个生存。之所以要收取利息，不是薛公贪图这点钱，而是要供养天下的宾客，这笔开支实在太大，希望大家谅解。现在对于还有实力偿还债务的人，我们约定好了期限；实在贫穷的，我们烧掉合同，废除债务。希望大家保重，遵守约定。对这样的主人，谁忍心辜负呢？"在座的人全部起立，连续跪拜了两次。

孟尝君听说冯谖擅自做主烧掉了契约，一气之下把冯谖召了回来。孟尝君一看到他就气不打一处来，气鼓鼓地说："我有食客三千，可现在入不敷（fū）出，所以才到薛邑放债。我的财政收入本来就少，如今老百姓又多数不能及时返还利息，这样供养食客越来越困难，所以才派您去做这件事。可我听说您得到一部分的利钱以后，就准备牛肉酒食招待百姓，然后又烧了合同，您为什么这样做呢？"冯谖说："确实是这样，我若不准备牛肉酒食，他们肯定不会到齐，那样我也不会调查清楚

第四章 焚债券孟尝市义 寻退路冯谖救危

谁有余谁不足。有能力偿还、只是一时困难的,我和他们约定了期限。那些赤贫的百姓,您就是坐镇薛邑追讨十年,也要不回来,只是利息越滚越多罢了。您若追急了,他们肯定一逃了事。这是您逼他们逃债的,您逼得再急,也是竹篮打水一场空,而且您还会背负贪财好利、不恤下情的恶名,让老百姓也背负欺主妄上的罪名,这么做不是彰显仁义、显扬您名声的好办法。焚毁实际上收不回来的借款合同,废弃徒有虚名的债务,使薛邑百姓对您感恩戴德,同时彰显您乐善好施的名声,您还认为我做得不对吗?况且我临走的时候问您:'收回利息用不用买点东西回来?'您说:'你自己看着办吧,看家里缺什么就买点什么。'我私下里合计,您珍宝无数,狗马满圈,美人环拥,家里唯一缺少的就是仁义,于是决定给您买回点仁义。当我假托您的命令免除贫苦百姓的债务时,所有人都齐呼万岁,这就是我为您买回来的好东西,您不满足吗?"孟尝君拍手称赞(典故"孟尝市义"之源,市,指"买")。

齐湣王一直猜忌孟尝君,其他国家的间谍又推波助澜,说孟尝君的名声超过了齐王并且独揽齐国大权,齐湣王就对孟尝君说:"您是先王的重臣,我不敢驱使您为我办事。"于是就罢免了他齐相之职。

众食客看孟尝君遭免职,都"义无反顾"地离开了,只有冯谖陪他返回薛邑。

薛邑的百姓听说孟尝君要回来,扶老携幼离城百里来迎接他。孟尝君回头对冯谖说:"先生为我田文买回的仁义,我今天亲眼见到了。"冯谖说:"狡兔三窟,这样才能最大限度地避免灾祸。如今薛邑只是一窟而已,您还不能高枕无忧,我再为您出去凿两个洞窟(成语"狡兔三窟"之源)。请借我一辆车西入秦国,我必定让您在各国重新受到重视,并且会扩大领地,行吗?"孟尝君现在是彻底服了冯谖,于是整顿车马礼物和一些公关费用让他出使秦国。

冯谖对秦昭王说:"天下的说客驾车西入秦国,没有不想增强秦国实力而削弱齐国的,而驾车东入齐国的则反之。齐秦两国难分雌雄,势不两立,能称雄的就会得到天下。"秦昭王挺起上身赶紧问道:"先生有让秦国称雄天下的办法吗?"冯谖说:"有。您知道齐国罢免孟尝君的事吗?"秦昭王说:"听说了。怎么,这事和我有关系吗?"冯谖说:"当然有了。孟尝君宽仁待士,结交了五湖四海的朋友,而且政治才干突出,这才使齐国备受瞩目。可齐王听信谗言罢免了他。他无罪受责,肯定会心怀怨望,会背离齐国。他对齐国的山川地理、风土人情、人际脉络、政策利弊了如指掌。如果他投奔到秦国,并且把这些珍贵情报和盘托出,您连齐国的领土都可以得到,难道只限于称雄称霸那样的小事吗?您赶快派人偷偷地前去迎接孟尝君,千万别错过机会呀!如果齐王觉悟了,重新重用孟尝君,那时胜负可就难料了。"

秦昭王非常高兴,就派了十辆车并让使者带着大批的金银珠宝去迎接孟尝君。

冯谖辞别秦昭王回到齐国。他劝说齐湣王道:"天下说客东行来到齐国的,都想让齐国强盛而削弱秦国,而西行入秦的则反其道而行之。齐秦两国两雄不并立的局面很明显。现在我'私下'听说秦王带了大批的礼物,准备用隆重的礼节迎接孟尝君。孟尝君若不同意也就罢了,如果他真的西行入秦担任秦相,那么诸侯就要归顺秦国了。此消彼长,若秦国强大,齐国势必被削弱,那样齐国被人瞧不起,就会受到攻击,国家就危险了。您为什么不趁秦国使者没来之前重新起用孟尝君呢?您只要多给他点领地表示歉意,就能收回他的心。而且您罢免他本身就是中了敌人的反间计,如果您主动示好,孟尝君肯定会很高兴。他本来就是

第四章 焚债券孟尝市义 寻退路冯谖救危

齐国人，若是在自己国家有所作为，谁愿背井离乡去秦国呢？如果您捷足先登，秦国再强大、再无礼，又怎么能强行聘请齐相呢？只要挫败秦国的图谋，就能抑制秦国称霸的势头，您又没有让优秀人才流失，这是一举两得呀！"齐湣王说："好，照办。"

齐湣王派人到边境去密切观察秦国的动向，调查秦国有没有派遣使者前来迎接孟尝君。这时，秦国使者刚好进入齐国境内。齐湣王派出的人掉头飞快地跑回来报告情况。齐湣王赶紧重新任命孟尝君为齐相，而且又给他增加了一千户的领地。秦国使者听说孟尝君重新担任齐相，再去无益，只好失望地掉头返回了。

有人要问，秦昭王不是把孟尝君召到过秦国一次吗？那次秦昭王不仅没有任用孟尝君，还想杀了他。孟尝君是靠鸡鸣狗盗的朋友帮助才得以脱身的，两人曾经结怨，这次秦昭王怎么会听信冯谖的话来迎接他呢？这反映了当时的社会政治状况和人才任用机制的特殊性。大家都不会真心记仇，只要有利于自己的发展，有利于国家大计，昨天还是横眉冷对，今天就能握手言欢，昨天是志同道合的朋友，今天可能因政见不合而分道扬镳。

这一次应该是上一次孟尝君去秦国之后的事。秦昭王当时用自己的亲弟弟做人质邀请孟尝君入秦，可见他一直非常看重孟尝君。也有人对齐湣王重新任用孟尝君为齐相的事提出质疑。暂且不用管它，这些考据问题不是我们非专业人士研究的重点。在这里要看冯谖驾驭时局的能力。这个当初要鱼要车要钱的人是有真本事的。有时候，敢要高工资的员工是有真才实学的。

孟尝君被免职，那些"忠肝义胆"的门客都掉头离去了。这次被重新起用后，冯谖来迎接他。孟尝君感叹道："我田文真心实意地结交宾客,尽心竭力地对待他们,就怕有一点儿失误,食客有三千多人,冯先生都看到了。可我一旦失势,他们都背弃我田文,没有丝毫的留恋与安慰,我真是伤心透顶啊!如今仰仗先生得以重新掌权,宾客们还有什么脸面再来见我田文呢?如果他们还觍(tiǎn,指厚脸皮)着脸来,我肯定往他们脸上吐口水,好好侮辱他们一顿。我真正的朋友只有先生一个。"冯谖一听这话,赶忙收紧马缰,下车行礼。孟尝君也赶忙下车,扶起他说:"先生是替宾客谢罪的吗?"冯谖说:"我不是为宾客谢罪,而是您的话说错了。事物都有固定规律,世间自有人情冷暖,您知道其中的道理吗?"孟尝君说:"我不理解您的意思。"冯谖说:"有生必有死,有存必有灭,有喜必有忧,有甜必有苦,这是事物的固有规律;贫在闹市无人问,富在深山有远亲,这是世态炎凉的真实写照。您难道没见过去赶集的人吗?天刚蒙蒙亮,他们就争先恐后地往里挤,日暮以后,他们即使经过集市也都掉头不顾,并不是他们爱早上去不喜欢晚上去,而是他们要得到的东西在晚上已经没有了。您失去权势,宾客都离开了,这十分正常,您不必因此而怨恨他们。若因此而阻断了他们再次来投靠您的门路,对您并无好处。社会风气就是这样,没必要看不开。希望您还像平时一样对待他们。"孟尝君拜了两拜说:"我听从您的指教。听君一席话,胜读十年书。"

  司马迁对世态炎凉有太多的感悟。他这是在借孟尝君之口来抒发个人的感慨。

  司马迁评论道:我曾经到过薛邑,那里的人桀骜不驯,逞强斗狠,与山东孔孟之乡鲁国、邹国那种温文尔雅、知书达理的民风大不相同。我问了其中的原因。人们说,孟尝君招徕那些好打抱不平的侠客,后来鱼龙混杂,不乏许多违法乱纪之徒混入其中。当时来了六万多家,那种任侠使气的民风流传至今。世上传闻孟尝君沾沾自喜于宾客众多，果然名不虚传。

汉代的司马迁对孟尝君的评价是褒中夹贬，而宋代的王安石则基本持贬损意见。《古文观止》中有一篇王安石写的文章《读孟尝君传》，应该是他当时读《史记·孟尝君列传》而写的读后感。他认为，世人都称赞孟尝君能得贤士的心，贤士才甘心归附他。孟尝君被困秦国时，就是依靠这些人的力量才得以虎口脱险的。哎呀！孟尝君只不过是一个本领低微、层次不高、不知大义的枭雄罢了，哪里称得上收揽天下贤士的英雄呢？如果不是他招徕了那些人，凭借齐国的强大，只要得到一个真正贤才的辅佐，就可以制伏秦国，又何必依赖那些只有鸡鸣狗盗这种卑微本领的人呢？大概是因为鸡鸣狗盗之徒出入他家门，迫使真正的人才望而却步了。

平原君传

不识囊中颖脱锥，功成方信有英奇。
平原门下三千客，得力何曾是素知。
　　　　　　　（唐）周昙《毛遂》

割地求和国必危，安知坚守绝来思。
年年来伐年年割，割尽邯郸所为之。
　　　　　　　（唐）周昙《虞卿》

第一章　为轰动矫情杀妾　佳公子不识大体

平原君赵胜是赵武灵王（进行"胡服骑射"改革的人）的儿子（惠后是赵武灵王的梦中情人。赵武灵王在现实世界终于找到了她，对她宠爱非常。她生了赵何。赵武灵王因为她的原因，废掉了太子赵章，改立赵何为太子。赵武灵王为了让赵何早日进入状态，积累政治经验，就在自己年富力强时退居二线，由自己的心腹大臣肥义为相辅佐，把赵何推到赵国的政治舞台上，这就是赵惠文王。后来赵惠文王的母亲死了，赵武灵王对赵何的爱也冷淡了下来，又看到被废太子赵章作为哥哥却要参拜弟弟，就心疼起赵章来。赵武灵王想把赵国一分为二，让赵章也能独掌一方政权。可还没等他实施把赵国一分为二的计划，赵章和心腹田不礼就叛乱了。在一次出巡时，赵章和田不礼假借赵武灵王的命令召赵惠文王晋见，可肥义对他们的阴谋有所察觉。肥义让赵惠文王别动，他先去看看。他先进去了，被赵章他们杀死，但这为赵惠文王争取了时间。赵章战败后躲进赵武灵王所在的沙丘宫里。这时大臣李兑与赵成带兵勤王，就包围了赵武灵王所在的宫殿，搜出了赵章并把他杀死。后来两人一合计,这明显得罪了赵武灵王。如果赵武灵王事后报复,他们两人都得被灭族。于是他们干脆围住了赵武灵王所在的宫殿,把赵武灵王活活饿死了)、赵惠文王的弟弟,因为他的领地在山东平原,所以称为平原君。他在赵国贵族公子中是最贤能的。

平原君喜欢结交宾客,前来投靠他的有几千人。他担任过赵惠文王和他儿子赵孝成王(他是长平之战的责任人)两代君王的国相,在政坛上三落三起。

平原君家的楼房挨着百姓民居。一户百姓家有个跛子。有一次,他步履蹒跚地打水,平原君的美人住在高楼上,正好看见他一拐一拐的样子,哈哈大笑。第二天,这个跛子就到平原君家,请求道:"我听说您喜欢士人。士人不远千里来投靠您,就是因为您能尊贤重士,不以女色为念,是当之无愧的大英雄。我不幸落下这个残疾,已经很凄惨了,可您的侍妾却肆无忌惮地嘲笑我,真是太可恶了。我希望得到嘲笑我的那个人的脑袋。"平原君笑着说:"好吧。"跛子离开后,他笑着对侍从说:"看这小子!太自以为是,竟然因为一笑的缘故想杀我的美人,不是太过分了吗?"最终没杀她。

一年以后,他的门客随从差不多离开了一半。平原君很纳闷,就问:"我赵胜招待各位从未失礼,但为什么有这么多人离去呢?我究竟哪里做错了?"有人回答说:"因为您不诛杀讥笑跛子的那个女人,众人认为您重色轻友,所以离开了。"于是,平原君把那个女人杀死,提着她的头,亲自到跛子家里谢罪。从此以后,门客们又陆续回来了。

那个时候,齐有孟尝君,魏有信陵君,楚有春申君,彼此竞争,延揽贤士。《史记选》作者王伯祥认为,平原君那时与其他三个公子竞争激烈,他矫情杀人,是为了博取声望。就是说,平原君故意制造轰动效

第一章 为轰动矫情杀妾　佳公子不识大体

应来为自己的招贤纳士服务。

在本系列丛书之《长平之战》中，平原君的事迹主要有三个：一是举荐赵括的父亲赵奢（赵奢在《史记》中是在《廉颇蔺相如列传》中讲述的，笔者把《廉颇蔺相如列传》的内容统一编入本系列丛书之《长平之战》）；二是在长平之战前做了错误的决策；三是散尽家财，寻找外援打赢"邯郸保卫战"。

当初，赵奢不是将军，只是赵国的一个田部吏，征收田赋，类似于"地税局局长"，平原君的领地就在他的管辖下。

平原君家偷税漏税，后来干脆拒不交税，赵奢根据法令把平原君家的九个主管斩杀了。平原君大怒，想杀了赵奢。赵奢趁机劝平原君说："您本身是王室贵族，应该带头执法。如果您破坏法纪，别人也会效仿。法令难以推行，赵国国力势必被削弱。赵国国力被削弱，就会引发别国的进攻。如果赵国因此而灭亡，那您还怎么享受荣华富贵呢？如果您带头遵纪守法，就会带动全国形成廉洁奉公的风气。这样国家强大、社会稳固，您作为赵国的贵族，又怎么会不被别人重视呢？"这话说得平原君心服口服，不但不责怪他，反而认为他有远见、有才能，就把他推荐给赵孝成王。

赵奢被赵孝成王升任为"国家税务总局局长"。赵奢把国家的财政治理得很好，百姓富足，上下和谐。后来，赵奢被任命为将军。

当时，人们不称赞赵奢贤能，反而称赞平原君豁达大度、知人善任。这是平原君的一大亮点。

但平原君也有弱点。他目光短浅，表现在对待引发"长平之战"的上党郡问题上。

当时，上党郡属于韩国，处于韩、赵、秦三国的交界地带。对于三方来说，它都是战略要地。

秦国全力攻打上党郡，切断了上党郡与韩国都城的联系。韩王命令上党郡军民向秦国投降，可上党郡郡守冯亭抗命了，因为秦军过于残暴，上党郡的老百姓都有抵触心理。冯亭的计策是把上党郡献给赵国，这样秦军就会攻赵，从而促成韩、赵军事联盟，以便共同抵御秦军。

赵孝成王接到冯亭的降书时，抑制不住心头的狂喜。他和大臣商量纳降的事。其实他主意已定，只是想再寻求一下支持罢了。贵族赵豹极力反对纳降，认为事情没那么简单，天上不会掉馅饼，冯亭肯定是想把战火引往赵国。而且秦国费尽心机攻打上党郡，却由赵国坐享其成，这是虎口夺食，一定会激起秦国强烈的报复。可赵王利令智昏，根本听不进去反对意见了。他又问平原君。平原君认为，即使出动百万大军攻打一年，也未必能占有一座城池，如今平白无故得到十七座城池，是大便宜，于是极力怂恿赵王接受。赵王就想听到这样的话，于是就接受了冯亭的降书。

这是许多不知人间疾苦、人情世故的人常犯的错误：只见利，不见害。他们可能认为"人无横财不富，马无夜草不肥"。这样的好事，求都求不来，哪能来了却拒绝它呢？追求利益无可厚非，谁都对利益感兴趣，但"君子爱财，取之有道"，在谋取利益之前要想想能不能长久拥有，至少要想想会不会给自己带来祸患。若因此而丧命或烦恼无穷，那还是不要的好。

秦昭王果然恼怒异常，派兵全力攻赵。赵将廉颇避其锋芒，采取防守策略，正面交锋不是对手，只能先挫伤对方锐气，再寻机破敌。虽然赵军开始时有点损失，但那是对付秦军最好的办法。可赵孝成王不懂军事却瞎指挥，一个劲儿地催促廉颇主动出击。廉颇没有听从赵孝成王的

第一章 为轰动矫情杀妾 佳公子不识大体

意见,他要根据战场变化来制定策略。

《孙子兵法》批评了国君妨碍军事行动的三种情况:其一,不了解战场实际情况却硬让军队前进或后退,就会束缚军队手脚;其二,不了解军队内部事务却横加干涉,将士就会感到困惑;其三,不了解战场上的机谋权变却干涉军队的指挥,将士就会犹豫不决,失去迅速决断的先机。这样的军队肯定要面临灾难,也就是自乱其军、自取其祸。

赵孝成王果然印证了孙子说的这些话。

当时,赵国名将赵奢已死,蔺相如病重,只有廉颇作战经验丰富,是当之无愧的国家柱石。廉颇严防死守,秦军毫无办法。于是,秦相范雎(jū。范雎,"远交近攻"国策的制定者)派人行使反间计,说秦国不怕廉颇,他已毫无还手之力了,早晚得投降,就怕赵括,这人文韬武略冠绝一时。赵孝成王本来就对廉颇的防守策略不满,听到这话后就决定起用赵括为帅。蔺相如带病劝谏,认为赵括胶柱鼓瑟,只知死读兵书,不知变通。赵括的母亲也极力反对。她比较赵奢与赵括父子俩的优劣:赵奢在接受帅印以后依然谦恭下士,广交朋友,并且以公废私。对于将帅来说,若打了败仗命都没了,还谈什么私人问题?而赵括一朝权在手,便把令来行,买田宅、耍威权,一种小人得志的样子,不但实际军事才能不行,连人品都不好。可赵孝成王就是不听。结果赵括真就坑害了赵国四十万大军的性命。详情见本系列丛书之《长平之战》。

笔者为什么要把"长平之战"前的事再叙说一遍?是不是在凑字数?不是。这是重要的时代背景。"毛遂自荐"就是发生在"长平之战"之后、秦军包围赵国首都邯郸逼得平原君去楚国求救之时,如果不把这段历史讲清楚,读者未必能看明白。而且"长平之战"本来就是战国后期列国关系中的大事,也是关系秦赵两国生死存亡的大事。如果这次秦国败了，秦始皇能不能在公元前221年统一六国，或者能不能统一六国，恐怕是个未知数。许多事件及各国格局的演变，都是由这次战争引起的。再说，平原君是赵孝成王的叔父，以他的影响力，若能洞察真相、极力劝阻，赵孝成王未必贪图那份"五百万大奖"。在撤换廉颇时，笔者也没在《史记》中看到有平原君劝谏的字样。这种连续失误，平原君不能完全脱离干系。

有人说，秦始皇统一六国是历史发展的趋势，赵国胜了未必好。但是，秦始皇的历史功绩是由后人评价的。即使这是当时人的共识，也不能认为赵国就应该坐以待毙。

人不能脱离时代，历史人物有些错误在所难免，因为对于他们来说，一切都是未知的。我们以现代人的眼光对古人提出责备，不是吃饱了撑得没事干，而是想在其中汲取经验教训，避免再犯和他们一样的致命性错误。犯致命性错误有两个严重后果：其一，彻底毁了自己的人生，死了就永远没有机会翻盘了，而且活着未必能东山再起；其二，人不是只为自己活着，一旦发生战略性失误，整个家庭、整个团队都要遭殃。仅是自己承担了后果或仅是自己死了还无所谓，就怕给别人造成痛苦。试想赵括即使没被乱箭射死，他还怎么面对四十万赵军家属的婆娑泪眼？他说再给我一次机会翻盘吧，谁还会给呢？

诸葛亮挥泪斩马谡是不得不斩，因为马谡违抗军令，犯了错误，不是因为敌人强大才失败的，所以必须斩。

历史是最好的教科书。我们自己积累不了这样的经验，就只能从别人的惨痛失败中去总结，这是我们研究历史的目的。只有总结别人失败的教训作为自己实践的指导，在实践中改正错误，不断提高自己的洞察力和判断力，才能走得更远更稳。

第一章　为轰动矫情杀妾　佳公子不识大体

◎平原君的密切相关者

	人物	关系	详情
1	赵武灵王	父亲	搞"胡服骑射",修"赵长城"
2	赵惠文王	兄长	继位后,任平原君为相
3	赵孝成王	侄子	继位后,任平原君为相
4	秦昭王	对头	恃强凌弱,欺负赵国,曾向赵国索要和氏璧
5	赵奢	同事	曾任地税局局长,被平原君举荐,成为将军
6	廉颇	同事	老将,作战经验丰富。平原君可能也不认同廉颇的战法
7	赵括	同事	熟读兵书但缺乏战场经验,代替廉颇领军,被乱箭射死
8	毛遂	门客	自荐跟随平原君入楚谈判。贡献成语"毛遂自荐"
9	李同	战友	劝平原君散尽家财组织敢死队,拼死抵抗秦军
10	冯亭	伙伴	韩国上党郡郡守,忽悠赵国接受上党郡,害得赵国差一点灭亡
11	信陵君	舅子	姐姐嫁给了平原君,曾利用关系窃符救赵
12	春申君	盟友	楚国公室大臣,口才一流,曾带兵救赵
13	楚考烈王	盟友	"六国联盟"名誉主席,与平原君结盟,并派春申君带兵支援赵国
14	虞卿	客卿	赵国上卿,舍己为人的典范,多次给平原君和赵王提建议
15	公孙龙	上宾	"名家"的代表人物,劝说平原君推辞赏赐

第二章　救邯郸毛遂自荐　为大局虞卿进言

秦国挟着"长平之战"的威势趁机围住了赵国的邯郸。

赵国一边向毗邻的魏国求救，一边派平原君南下向楚国求救，想跟楚国签订合纵盟约。

平原君准备带二十个才识俱佳、文武双全的人一同前往。平原君说："能用和平的方式取得胜利最好。如果行不通，则只能以武力胁迫了，务必订立合纵盟约再回来。二十个贤士不必到外面寻找，只在我门下物色就可以了。"结果只找到十九个合格者，平原君认为其他人都不足取。

平原君门下有个叫毛遂的，上前自我推荐说："听说您准备带二十个人去楚国订立盟约，可人数不足，希望您把我毛遂带上一起出发吧。"他语气委婉，可充满自信。平原君问："毛先生在我赵胜门下有几年了？"毛遂说："有三年了。"平原君说："贤士在世上就像把锥子放入布袋中，锥尖立刻就会露出来，可您在我门下待了三年，我赵胜并没

第二章 救邯郸毛遂自荐 为大局虞卿进言

有听到谁称赞您,可见毛先生没什么本领。先生还是留下吧。"平原君左一句先生右一句先生,其实充满了揶揄(yé yú)之意,根本不信他有才能。毛遂说:"我是今天才有被放进布袋的机会的。假使您早把我放进布袋,整个锥子都会脱颖而出,怎么会仅仅露个锥子尖儿(成语"锥处囊中""脱颖而出"之源。成语比喻有才能的人得到机会就会显现自己的才能)?"平原君听罢决定带毛遂一起去。其他十九个人相互挤眉弄眼地讥笑毛遂,只是没说出口罢了。

这一行人向楚国进发。毛遂在路上和这十九个人议论时政。他言辞犀利,都能切中要害,这十九个人都十分佩服他。

平原君和楚考烈王(楚国倒数第四位国王)讨论联盟的事,分析楚、赵联盟的利害关系,从大清早开始一直讨论到中午也没有达成共识。那十九个人说:"毛先生上。"毛遂于是手按宝剑,快步沿台阶进入正殿,对平原君说:"合纵联盟的利害关系,三言两语就可搞定。如今这点事谈了整整一上午,为什么这么慢呢?"他明明想质问楚王,却偏偏要问平原君,这是很巧妙的方式。楚王问:"这位先生是干什么的?"平原君说:"他是我的门客。"楚王呵斥道:"还不快退下,我正和你的主人谈话,你来插什么嘴!"毛遂按剑上前道:"您之所以敢呵斥我,是因为您自恃你们人多势众。可现在我与您相距不过十步,您不用和我耍威风,您的性命操控在我的手里。况且我的主人就在面前,您呵斥我是不是因为瞧不起我的主人呢?有德行的君王,肯定能以小胜大、以弱胜强,光靠士卒众多有什么用呢?其实那些有为的君王都是善于利用有利形势才扬名天下的,怎能完全用实力的强弱决定胜负?现在楚国的土地纵横几千里,精锐部队上百万,这是成就霸业的资本。楚国这样强大,按理说应该天下无敌了,可是遇到秦国叫白起的那个小子,一战秦军大胜,二战楚军大败,三战竟然连楚国祖庙所在地都被占领了,侮辱了楚国的祖先,这是楚国的奇耻大辱,就连赵国都为您叹息,可您却全无感觉(楚国让秦将白起打得很惨)。所以我说合纵联盟是为楚国好,不是为赵国。如今在我主人面前,您大声呵斥谁呢?"楚王说:"哎呀!真像先生说的这样,我愿意听从您的安排。"毛遂说:"那您决定签订合纵盟约了吗?"楚王说:"决定了。"毛遂对楚王的左右说:"把鸡、狗、马的血(当时歃血为盟时,天子用牛、马血,诸侯用猪、狗血,大夫以下用鸡血)拿来。"毛遂奉上装着血的铜盘,跪着进献给楚王说:"您应当首先歃血("歃"本身指吸取,歃血为盟时,只把血抹在嘴唇上表示诚意。另说用口含血。后来也有用喝血酒的方式表明决心的)表示订立盟约的诚意,其次是我主人,再次是我毛遂。"于是他们顺利地签订了合纵盟约。

毛遂左手托着铜盘,右手招呼那十九个人,说:"各位就在殿堂下歃血吧!你等庸庸碌碌,可是能因人成事(成语"因人成事"就是出自这里,是指依靠别人的力量办成事情。"碌碌无为"也源于此)。"

平原君圆满完成任务后就回到了赵国。他说:"我赵胜以后不敢随意品评士人了。我考察品评的士人,多则一千,少则八百,自以为不会再看错或漏掉谁,但是对于毛先生,我真走眼了。毛先生一言九鼎,大长赵国的志气,使楚王刮目相看。毛先生的三寸之舌,胜过雄师百万。我赵胜再也不敢自恃眼光独到了(成语"三寸不烂之舌""九鼎大吕"源于此。"九鼎"是大禹铸造的,象征天下九州,是夏商周时期独一无二的国宝;"大吕"是指周朝铸的大钟,这都是指极其贵重的东西,原意指毛遂的几句话让赵国的国威比"九鼎大吕"还要贵重,后来根据这个典故演化成"一言九鼎")。"于是把毛遂奉为上客。

梁启超在他的《饮冰室合集》中评论毛遂是一个"小蔺相如",智

第二章 救邯郸毛遂自荐 为大局虞卿进言

谋勇气毫不逊色于蔺相如，只是德行比不上蔺相如，然而也是当之无愧的人杰。

平原君返回赵国以后，楚国派春申君黄歇（"战国四公子"之一）带兵救援赵国。平原君的小舅子信陵君（"战国四公子"之一）假托魏王命令也来救援，可这时还未抵达赵国。

秦国知道赵国有两路救兵以后，加紧攻打赵国，邯郸形势危急。赵国准备投降了，平原君很着急。邯郸"国有招待所"所长的儿子李同劝说平原君道："您不担心赵国灭亡吗？"平原君说："如果赵国灭亡的话，我赵胜也会被俘虏。我都急死了，怎么不担心呢？"李同说："我没看出您有担心的意思。邯郸百姓山穷水尽了，把骨头当柴烧，交换孩子做口粮，情势确实危急。可是您后宫的美人数以百计，奴婢姬妾锦衣玉食，老百姓却衣不蔽体、食不果腹。您还和以前一样拥有数不尽的器物用具，而老百姓连制造武器的东西都没了，只能把树枝削尖当武器使用。假使秦国攻下赵国，您还能保住这些身外之物吗？假使赵国能够保全，您又何愁不会重新拥有这些东西呢？这时必须舍车保帅。因小失大、见小利而忘命，是最愚蠢不过的。现在您若能把您夫人以下的人都编入战斗行列，和其他百姓一样各司其职、共同劳动，再散尽家财慰劳士卒，赵国就有望保全。因为人们在艰苦的环境中，哪怕是得到最小的恩惠也会感激不尽。"平原君听从了他的建议，并且建组了一支三千人的敢死队。

李同带队扑向秦军，秦军被击退几十里。这时，楚、魏的援兵也到了。秦国内部对于伐赵问题出现了争执，白起不同意攻打赵国，而秦相范雎支持秦昭王用兵，内部矛盾白热化。外援、秦国内讧和赵人拼死抵抗，这三个因素使邯郸得以保全，渡过了赵国建国以来最大的危机。

李同战死，他的父亲被封为李侯。

邯郸能解围，魏国的信陵君立了很大的功劳。当初，魏国本来是派大将晋鄙支援赵国的，但秦昭王向魏国发出战争威胁，魏王迫于压力命令晋鄙原地待命，不要出击。

平原君急疯了，一个劲儿地催促信陵君想办法，说："我之所以娶您的姐姐，主要是仰慕您的为人。如今赵国危在旦夕，您怎么能见死不救呢？"信陵君没办法，就托如姬把魏王的兵符偷了出来，到前线杀死了大将晋鄙，取得指挥权，这才真正帮了赵国的忙（详见《史记·魏公子列传》）。

后来有个叫虞卿的对平原君说："信陵君是您的亲戚，又是您请来的，这次邯郸得救，您功不可没。我想为您向赵王求封赏。"平原君也想这么做。

赵国有一个叫公孙龙的听说这事后，连夜驾车拜见平原君说："我听闻虞卿想凭借信陵君保全赵国的功劳来为您请求封赏，有这事吗？"平原君说："确实有。"公孙龙说："这么做不合适。赵王提拔您为相，不是因为您的聪明才智在赵国独一无二；他封赏您领地，也不是认为只有您一人立功而别人无所作为，而是因为您是他的叔父，有这层亲戚关系。您接受相印时没有推辞说自己无德无能、理应让贤，接受封地时也没有推辞说自己无功受禄、于理不合，您也是认为与赵王有这层关系。您认为担任国相是为赵王分忧，作为王室贵族接受封地理所当然。您与赵王是因为亲戚关系才团结在一起的。这次信陵君保全了邯郸，您有功劳不假，但因此而请求封赏十分不合适。您以前凭着亲戚的身份接受相印、封地，现在又以平常人的身份来与赵王讨价还价，这属于要鱼和熊掌兼得，国人肯定心中不服，赵王也会认为您贪得无厌。而且虞卿这么

第二章 救邯郸毛遂自荐 为大局虞卿进言

做是两面讨好,两头通吃。如果请功的事成了,他会向您索要报酬。即使失败,他也赚了,因为他已经博得了您的好感。您不应该听他的。"平原君后来没有采纳虞卿的建议。

平原君当初因为亲戚关系而享受非分之福时坦然接受,没有一丝不安,如今稍微有点功劳,又想和其他人一样谋取封赏,好事都自己得了,这怎么行。本来保全邯郸就是他分内之事。他是国相,守土有责。国都被包围,不追究他的无能就不错了,还想请功,太过分了。再说,当初若平原君有清醒的头脑,妥善决策,就未必有长平之祸,更不一定有邯郸之围了。他能及时改变还算可以。

来劝说平原君的公孙龙也是有来头的,他是战国时代"名家"的代表人物。

公孙龙是赵国人。他着重于分析一般与个别的关系,强调概念的差异性,对古代逻辑学的发展有一定的贡献。但是,他过分夸大事物差异性的一面,夸大特殊性,否定一般性,割裂二者的联系,导致形而上学。他的著作有《公孙龙子》。其著名的"白马非马"逻辑是这样的:他认为"白"是形容"色"的,而"马"体现的是"形","形状"与"颜色"两不相干,"白马"就是"白马",不能说"白马是马",只能说"白马非马",或者"白马是白马","白马"与"马"是两个概念。

据说,公孙龙是在函谷关前提出这个逻辑问题的。当时,函谷关是秦国与六国之间交通的重要关口,起到了天下第一雄关的作用。以此为界,分"关内"和"关外"。有一段时间,六国境内的马匹发生瘟疫,秦国怕波及自身,就命令函谷关的"检疫部门"严禁六国的马匹进入函谷关。公孙先生的马也被阻于关外。他不服气,说:"你们只是禁止马匹入关,可我骑的是白马,不是马。"于是他老人家一顿分析,弄得守兵云山雾罩，可又辩驳不过他，只好放行。

与函谷关相关的还有两个典故，一个是与老子相关的"东来紫气"。老子在此著述《道德经》。老子来之前，守将尹喜看到了"东来紫气"。再一个是与孟尝君相关的"鸡鸣狗盗"。孟尝君的门客学鸡叫骗开了关门，使孟尝君得以逃脱。

公孙龙得到了平原君的优待，行情大涨。后来，主张"阴阳五行说"的"阴阳家"鼻祖邹衍来到赵国，才抢了公孙龙的风头。

平原君在赵孝成王十五年去世（《史记·赵世家》和《史记·六国年表》则记载为赵孝成王十四年去世）。他死后，他的子孙继承爵位，直到赵国灭亡才终止。

司马迁评论道：平原君是战国纷争时代言谈举止超逸洒脱、风度翩翩的公子，可惜他不识大体。俗话说："利令智昏。"平原君听信上党郡郡守冯亭的邪说，使赵军在长平之战中丧失四十余万军队，赵国都差一点灭亡了（成语"不识大体""风度翩翩""利令智昏"之源）。

知人诚不易，自知尤为难。"知彼知己"，说起来容易，做起来难，很重要的原因是表象的东西会变换方式掩盖本质。利益最易冲昏人的头脑，本来是头脑清醒、"知彼知己"的，可是利益一来，就不管三七二十一，眼里只有那善于伪装、笑里藏刀的利与益了。

好一个"利令智昏"！

信陵君传

秦兵百万气连云,屋瓦邯郸震欲焚。
千载尚留城市在,土人争说信陵君。
　　　　　　(明)尹耕《过邯郸县》

屠肆监门一贱微,信陵交结国人非。
当时不是二君计,匹马那能解赵围。
　　　　　　(唐)周昙《侯嬴朱亥》

第一章　屠狗辈大隐于市　信陵君窃符救赵

魏公子无忌，是魏昭王的小儿子、魏安僖王的同父异母弟弟（魏安僖王的祖上是被孙膑击败、被庞涓侍奉、接见过孟子的那个魏惠王）。魏安僖王继位后，封魏无忌为信陵君。古代信陵在今河南省境内。

信陵君宽厚仁慈，能礼贤下士。凡是士人，不论身份贵贱、本领高低，他都能谦虚地以诚相待，不因自己富贵而轻视任何人。因此，方圆千里的士人都争相归附他，他的食客有三千人。"食客三千"是个虚数，形容多，指他结交广泛。信陵君的姐夫是平原君。当时，魏、赵两国关系比较好。其他国家因为信陵君贤能，有十余年的时间不敢轻易对魏国用兵。

有一次信陵君和魏王正在下棋，魏国北部与赵国南部接壤的边境传来警报说，赵人入侵，快要进入边界了。魏王推开棋盘，想要回宫商议对策。信陵君劝止魏王说："赵王打猎而已，不是入侵我国。"两人仍旧下棋，可魏王害怕，心不在焉。

过了一阵,边境又传来消息说,赵王是在打猎,不是入侵。魏王相当惊讶,问:"公子怎么知道内幕呢?"信陵君说:"我的门客能探听到赵王的真实意图,对他的一举一动了如指掌。门客会把情况及时向我报告,所以我了解内情。"魏王这才知道信陵君真的贤能,可又对他的神通广大心有余悸。

信陵君不经意间露的这一手引起了魏王的猜疑,他不敢把国家大权交给信陵君。

魏国有个隐士叫侯嬴,年已七十,贫困不堪,是魏国都城大梁(今河南开封)夷门(就是东门。司马迁非常注重调查研究,他亲自到夷门考察,知道了夷门的含义。在细节上的精益求精造就了《史记》的伟大)的看门人。信陵君听说侯嬴有才能,就亲自拜访,要馈赠他丰厚的财物。侯嬴不肯接受。他说:"我修身养性、廉洁自律了几十年,终究不能因为贫穷而接受您的财物。我不能失去操守,对您的美意只能心领了。"

信陵君于是摆设酒席,大宴宾客。他安排客人就座后,让大队侍从跟随,自己亲自驾车,并空出左面的车位,去迎接侯嬴(当时的礼节以左为尊,成语"虚左以待"或"虚位以待"源于此,指留着尊位以待贤者,是招贤纳士的常用语)。信陵君亲自到夷门迎接侯先生。侯先生整理了一下破旧的衣帽,直接坐在了左面的上座,毫不谦让,想借此观察信陵君的度量。信陵君握着缰绳,显得更为恭敬。

侯嬴对信陵君说:"我有个朋友在市场屠宰房里,麻烦您绕一下道,我想去看看他。"信陵君二话没说,驾车转到市场。侯嬴下车去见他的朋友朱亥(此人是成语"鼓刀屠者"的主人公。宰杀牲畜的屠夫在此代指社会地位低下的人),故意说些车轱辘话拖延时间,斜眼瞟着信陵君,看他有什么反应。信陵君脸色更加谦和。这个时候,魏国将相、贵族、宾

第一章　屠狗辈大隐于市　信陵君窃符救赵

客济济一堂，只等信陵君致辞开宴呢，可侯嬴却如此目中无人，还让信陵君等他。随从人员都骂侯嬴不识抬举。侯嬴见信陵君脸色始终没变，知道他是从心眼里尊敬自己，这才告别朱亥，登上车到了信陵君家里。

信陵君让侯嬴坐上座，并把宾客一个个地向他做介绍。宾客们大惊，不知这个衣衫褴褛的老人是什么来头，让信陵君如此折腰。菜过五味，酒过三巡，信陵君起身对侯嬴祝酒。侯嬴说："今天我侯嬴太难为公子了。我侯嬴只是一个看门人，而您亲自驾车来接我，若是在大庭广众之中对待别人，我本来不应该失礼数，但正因为您是大名鼎鼎的信陵君，我才故意折辱您，转道去见朱亥，让您在闹市中苦等，而您不以为意，脸色丝毫未变，魏国人都认为我侯嬴是个尖酸刻薄的小人，而公子是能礼贤下士的忠厚长者。我就是要用这种方式成就您的名声。"酒席结束之后，侯嬴成为信陵君的贵宾。

侯嬴的这种报答方式充满了献身精神。他宁可贬低自己来抬高别人，和那些受点礼遇就趾高气扬或者不惜靠侮辱别人来抬高自己的人相比，这是一种多么高贵的精神！具有这种高贵品质的人肯定不常见，常见的是那些主观上想折辱我们的人。遇到那种情况，我们要保持高贵的心，要忍耐住，不要随他的节拍起舞。要知道，这时正是给别人一个比较评判双方优劣的良机。狗咬人一口，人还能反咬狗一口吗？

侯嬴对信陵君说："我曾经拜访的屠夫朱亥，是个少有的人才，可惜世上没几人真正了解他。要知道，草莽之中尽是龙蟠凤逸之士，世人只从衣冠服饰、眼前地位来评判人，以貌取人，失之子羽。朱亥看淡功名利禄，这才隐居在市井当中。"

信陵君多次去拜访朱亥，可朱亥故意不回访致谢。信陵君对他的这种"忘恩负义"的行为感到很奇怪。

信陵君传

◎ 信陵君的密切相关者

	人物	关系	详情
1	魏昭王	父亲	在位期间一直被秦国打压,信陵君是其小儿子
2	魏安僖王	兄长	对弟弟的才能非常嫉妒
3	侯嬴	贵宾	为信陵君出谋划策
4	朱亥	手下	刺杀晋鄙的刺客
5	如姬	嫂子	兄长魏安僖王的宠姬,盗虎符者
6	晋鄙	同事	救赵的前线指挥官
7	平原君夫人	姐姐	邯郸之战时,正在邯郸城
8	平原君	姐夫	有亲戚关系,还志同道合
9	唐睢	客人	劝信陵君不要接受赵国赏赐
10	毛公、薛公	贵宾	力劝信陵君回魏国的人
11	秦庄襄王	对头	信陵君使用合纵策略击败秦国
12	晋鄙门客	对头	受秦国指使,谗毁信陵君的人
13	张耳	门客	贤能,项羽曾封其为常山王。后来成为刘邦的亲家
14	刘邦	仰慕者	为信陵君设置守墓之人
15	司马迁	仰慕者	多次称信陵君"公子",崇拜其人

第一章　屠狗辈大隐于市　信陵君窃符救赵

后来，赵国在长平之战中惨败，赵国首都邯郸也被秦军包围。信陵君的姐姐是赵国平原君的夫人，她多次派人给魏王及信陵君送信请求支援。魏王派大将晋鄙带兵十万去救赵。秦王派使者警告魏王说："我马上就要攻占赵国了，有谁胆敢救援，等我攻克赵国后和他秋后算账。"魏王害怕，让晋鄙按兵不动，驻扎在外线，名义上是救援赵国，实际上是"坐山观虎斗"。

平原君派出的使者冠盖相望，络绎不绝，责备信陵君道："我赵胜之所以高攀，与魏国结为姻亲关系，就是冲着公子您仁德重义、能急人所难来的。如今邯郸危若朝露而魏国见死不救，这就是您一向急公好义的表现方式吗？况且您即使不把我赵胜放在心上，难道也不爱惜您的亲姐姐吗？城破之日，玉石俱焚，您真忍心坐视不管吗？赵魏彼此相依，唇亡齿寒，赵今日亡，魏明日败，您就真的不关心魏国的命运吗？"信陵君为此发愁，多次请求魏王进兵，又派出自己门下的公关高手千方百计地游说，可魏王被秦王吓破了胆，怎么也不肯听。

信陵君估计魏王肯定不会进兵了，又不想眼睁睁地看着赵国灭亡而自己却苟且偷生，于是让门客准备了一百多辆车和其他战备工具，想带领门客奔赴赵国攻击秦军，宁可与赵国同生共死。

信陵君一行人经过大梁夷门，见到了侯嬴。信陵君把想要带领门客与秦军决一死战的情况说了一遍。这一次，信陵君是和他诀别来的。侯嬴说："公子勉励吧！老臣我不能相随了。"

信陵君走了几里路，心中不快，自言自语道："我对待侯先生仁至义尽，天下皆知。如今我赴死，他却没有只言片语来安慰我。他不给我出谋划策也就算了，连惋惜的语气都没有，我难道有什么过失吗？"于是他掉转马头，回来向侯嬴问个究竟。

侯嬴笑道："我早就知道您会去而复返的。"又说："公子敬爱贤士，名闻天下。现在有了急难，无计可施，您想靠门客冲击秦军，这好比以肉投饿虎，以鸡蛋碰石头，有什么效果呢？您若只能这么做，又何必供养形形色色、各有所长的门客？只养一群勇士不就行了吗？您对我情深义重，您去赴死我没说一句惋惜的话语，因此知道您肯定会疑惑并返回探问究竟。"信陵君拜了两拜，就请教侯嬴。

侯嬴屏退众人，小声说道："您应该知道当代的军事管理制度，一块兵符分成两半，大将与国君各持一半。国君有令，则派人拿着自己这一半兵符前往军中。若兵符吻合了，大将必须听命。我听说调度晋鄙救赵大军的另一半兵符放在魏王卧室内。而在魏王的姬妾中，如姬最受宠幸，能自由进出魏王卧室，最有机会偷取兵符。我又听说如姬的父亲被人谋害，三年中，包括魏王在内都派人努力追查凶手，可一无所获。如姬对您哭诉，您派门客为她报了杀父之仇。如姬以死回报您的大恩大德都不会推辞，可惜您神通广大，她一直没有机会罢了。现在情况危急，只要您开口求如姬，她肯定会帮忙，那么您就能得到兵符夺取晋鄙的军事指挥权，击退秦军并拯救赵国，这是霸业呀！"

信陵君听从了他的建议，去求如姬，如姬果然把调度晋鄙的兵符偷出来给了他。侯嬴劝谏信陵君的方法是"欲擒故纵"。

后来有人评价说：司马迁描写侯嬴与信陵君的对话情景，十分传神，让人感觉这一切历历在目。大概侯嬴在信陵君向他辞行时，就想为他出谋划策，但怕信陵君不从，所以才表现得过于冷淡。在信陵君去而复返后，他才把想法和盘托出，以此来坚定信陵君的意志。

北京师范大学韩兆琦先生在评论这一段时，举出三国时刘表儿子刘琦被后母猜忌，在三次请求、上屋抽梯的情况下，诸葛亮才为他谋划的

第一章　屠狗辈大隐于市　信陵君窃符救赵

故事，说这有助于理解侯嬴的做法。因为侯嬴知道窃取兵符事关重大，而且信陵君与魏王又是同父异母的兄弟，不到万不得已，自己难说心里话。而且经过一番周折，信陵君会冷静思考自己的失误，这样侯嬴才更有机会说服他。这是高超的语言技巧。

信陵君出发前，侯嬴说："将在外，君命有所不受，为的是有利于国家大事。到时即使兵符符合了，若晋鄙拒不交出指挥权或要向魏王请示，那事情就危险了。我让我的朋友朱亥和您同去，他是个大力士。如果晋鄙乖乖交权，那就万事大吉；如果晋鄙不听从，那就让朱亥杀了他。"听到这话，信陵君落泪了。侯嬴问："公子怕死吗？为什么哭呢？"信陵君说："晋鄙是一个久经沙场、骁勇善战的老将。他肯定会怀疑我的合法性，必不听从，那就只能杀了他。我为将要失去晋鄙而哭泣，怎么会是怕死呢？"

信陵君请求朱亥同行。朱亥笑道："我只是市井里的一个屠夫，而公子屈尊多次拜访我，我之所以没有回访致谢，不是忘恩负义，而是认为大恩不言谢，讲究那些虚浮客套的小礼毫无实际意义。男人相交贵在知心，如今公子情势危急，正是我为您效命的时刻。"朱亥就随同他一起出发了。

信陵君再次向侯嬴告别。侯嬴说："我本该随您前往，但我年老不中用了。我会计算您的行期，估计您到晋鄙军营的那一天，我就面向您的所在方位，割颈自杀，来为公子壮行，也以此报答公子的知遇之恩。"信陵君告别侯嬴出发了。

后来有人讨论侯嬴自杀的原因，大多认同侯嬴是为信陵君而自杀的。也有人认为，侯嬴自杀是为了晋鄙，晋鄙无辜，可要实施自己的计谋必须杀晋鄙，侯嬴心中负疚，这才自杀。

韩兆琦先生认为，这种说法不无道理，但没有抓住主要矛盾。侯嬴自杀是为了坚定信陵君矫夺晋鄙兵权的信念，激励他临事时不手软。因为晋鄙性格刚烈，老谋深算，未必真相信信陵君，而且晋鄙无辜，信陵君又"仁而爱人"，因此，侯嬴一说出派朱亥随行的目的，信陵君眼泪就下来了，并说我去了怕晋鄙不听，肯定要杀他，所以才哭泣。这是危险的信号，这个问题不解决，可能会耽误大事，因此侯嬴提醒他，只要他一进晋鄙军营，自己就自杀，想用自己的血坚定信陵君的信念——怎么也不会让自己白流血了吧。侯嬴的死是成就"信陵君窃符救赵"这一历史壮举的重要因素。韩先生的说法更符合侯嬴的身份与想法。

信陵君到了前线，假托魏王的命令要取代晋鄙。晋鄙一看兵符倒货真价实，但还是怀疑。他仔细端详信陵君，说道："我带兵十万驻扎在国境线上，这是国家大事，可现在您只是孤身前来代替我，这是为什么呢？"他不想交权，想向魏王汇报，进一步核实情况。如果那样，西洋镜就拆穿了。朱亥趁他不备，抽出袖中所藏的四十斤大铁锤击杀了晋鄙，信陵君这才把指挥权夺到手里。

信陵君马上着手整顿军队，下令说：父子俱在军中，父亲回家；兄弟俱在军中，兄长回家；是独生子的，回家侍养双亲。最后他得到精兵八万。他这是人性化的处理方式，也是为了让士卒无后顾之忧，这样才能打胜仗。

这时平原君通过"自荐的毛遂"与楚国缔结了盟约，楚国派春申君救赵，平原君自己则散尽家财，身先士卒，赵人的复仇烈火熊熊燃烧，拼死抵抗，如今再加上信陵君这支精锐力量，就把秦军打得落花流水，邯郸的危急警报解除了。

平原君亲自到邯郸城郊去迎接信陵君，并背着箭囊在前面引路。在当时，这表示最高的敬意，与"负荆请罪"表示最真诚的歉意差不多。

赵孝成王也向信陵君拜了两拜，说："从古到今，没有谁能比得上公子这种急人所难的大仁大义。"

在这个时候，平原君再不敢自视过高了。这个公子哥这才知道人外有人，天外有天。他先是有对毛遂判断的失误，如今又深深为信陵君的勇气与品格所折服。

信陵君与侯嬴诀别，他到达军营时，侯嬴果然面向军营自杀身亡。侯嬴真是一个义士！

第二章　魏公子礼贤下士　汉高祖独慕信陵

　　魏安僖王恼恨信陵君窃符救赵并杀死晋鄙，信陵君也知道自己的过失，就和他的门客旅居赵国，不敢回去了。他派了一员将官统领魏军返回魏国。

　　赵孝成王感激信陵君冒着抗命犯上的罪名，不惜偷兵符、杀晋鄙来保全赵国。他还没听说谁如此舍己为人，那种心情难以描述，于是和平原君商议，想要封赏信陵君五座城的领地。

　　信陵君听说后，言行举止间显露出骄傲自满的样子。这时，有人劝诫他不要邀功（在《史记》上没有记载其人姓名，在《古文观止》上记载此人叫唐雎，文章定名为《唐雎说信陵君》），对他说："有些事情不能说透，有些事情必须讲明，有些事情不能忘记，有些事情不可不忘（事有不可知者，有不可不知者；有不可忘者，有不可不忘者）。人对我有恩德决不能忘记，我对人有恩德不可不忘（人之有德于我也，不可忘也；吾有德于人也，不可不忘也）。您这次偷兵符杀晋鄙，对赵国有功劳，对魏国来说，您未

第二章　魏公子礼贤下士　汉高祖独慕信陵

必是忠臣，或者说，您的忠义短时间内很难让人理解。虽然魏、赵唇亡齿寒，您救赵也是为了魏国好，但魏王在短期内难以释怀。如今您居功自傲，我私下以为不应该这样。希望您不要把恩德当成市场上的商品，您还是忘掉它吧！"信陵君听后感到无地自容，深深责备自己的虚浮与无知。

后来，赵王大摆宴席款待信陵君，亲自打扫台阶迎接他，并要指引他从西面台阶进入正殿。当时的礼节是主人走东面，贵宾走西面。如果客人自认不敢当，就走主人所走的东面台阶。信陵君就是这么做的，并且自称有罪过，辜负了魏王，对赵国也没什么功劳。赵王陪着他喝酒直到晚上，但一直不忍心提到奉献五座城的事，因为信陵君太谦让了，他怕这么做侮辱了信陵君高贵的心，但最后还是划出了一块领地的税收作为信陵君的日常开销。

信陵君在魏国时就听说赵国有两个隐士，一个叫毛公，一个叫薛公。现在到了赵国，他便开始四处打听他们的下落。得知毛公在赌场中厮混，薛公隐居在一个酿酒厂中，他想见他们。他们听说后却躲了起来。然而他们的落脚点还是被信陵君探听到了。信陵君微服私访，与他们二人谈得十分融洽。

平原君听说这事后，对自己夫人信陵君的姐姐说："当初我听说你弟弟信陵君品行高贵，天下无双。如今我听说他整天与赌徒酒鬼厮混在一起。他这样玷污自己的清白，可真是糊涂透顶了。"姐姐就把这话告诉了弟弟信陵君。信陵君说："当初我听说姐夫平原君贤能，慧眼识英豪，使天下归心，这才宁肯辜负魏王也要救援赵国，不让平原君困窘。现在我看平原君虽然广交朋友，但只是轰轰烈烈地装点自己的门面罢了，并不是真正惜才、爱才、用才，这和叶公好龙没什么区别。他不是喜爱真龙，而是喜欢似龙非龙的东西。他这是虚浮的表现。能聚人而不能用人，就算揽尽天下能人又有什么用呢？我在大梁时，就常常听人提及毛公、薛公的才能，后来到了赵国，尽管我思贤若渴，恨不得早日与他们相见，但我那时还真怕他们清高不肯见我呢！如今平原君竟然把和这种具有高风亮节的人交往当成羞耻之事，我实在不值得和他交往下去。"信陵君于是就向姐姐告辞，要回去整顿行装离开赵国。

平原君夫人赶忙把这些话告诉了平原君。平原君脱掉帽子前来谢罪，硬是把信陵君挽留下来了。

平原君的门客听说这件事后，倾心折服，差不多有一半的人投靠了信陵君。他们的这一举动引起轰动，带动了全天下的士人，很多人都慕名而来投归了信陵君。

信陵君旅居赵国十年没回魏国。秦王听说信陵君在赵国，无所顾忌了，就夜以继日地攻打魏国。魏安僖王深表忧虑，多次派使者到赵国请信陵君回来，可信陵君怕魏王记恨前事，不敢回去，并且告诫属下说："有敢为魏王使者通报说情的，一律处死。"这些门客都是信陵君从魏国带来的老部下，都不敢劝谏。

毛公和薛公两人劝信陵君说："我们俩不是您的门客，不受您命令的约束，也感激您没有因为我们社会地位低下而有轻视之心。我们感谢您的真心，所以我们也要推心置腹。您之所以在赵国受到器重，并且名满天下，是因为有魏国做后盾。如今秦军攻击魏国，魏国危急而您无动于衷。假使秦军攻破大梁，铲平了魏国的祖庙，这是多么大的耻辱，您还有什么脸面面对天下人呢？"话还没说完，信陵君就变了脸色，吩咐赶紧准备行装返回魏国。

齐国人劝孟尝君的父亲田婴要以齐国为家，赵奢劝平原君要带头奉

第二章　魏公子礼贤下士　汉高祖独慕信陵

公守法，薛公、毛公劝信陵君要以魏国为念，都在说明这样一个道理：皮之不存，毛将焉附？

魏王与信陵君相向而泣，尽释前嫌。魏王任命信陵君为上将军，信陵君派使者通告各个诸侯国。各国听说他当了上将军，都很给面子，派出军队支援魏国共同抗击秦军。

信陵君统帅五国军队打垮了秦军，并乘胜把秦军赶回函谷关以西的老巢中。秦军不敢出关了。

在那个时候，信陵君威震天下，很多人向他进献兵法。信陵君就组织人把这些兵法编写成书，世称《魏公子兵法》。《魏公子兵法》与吕不韦的《吕氏春秋》（吕不韦是秦始皇前期的丞相）、汉代刘安的《淮南子》（淮南王刘安是汉高祖刘邦的孙子，他组织编写的书取"淮南"二字，自成一派，取"诸子百家"各自著书立说之意，称《淮南子》。刘安在烧丹炼汞时发明了豆腐）一样，都是集体创作的，书名就用召集人或组织者的名号。在当时没有著作权权属问题的情况下，这不属于剽窃。

秦王拿信陵君毫无办法，甚至有几分害怕，因为信陵君太有号召力和组织力了。于是，他派人带了大量的金钱去魏国行使反间计，托被信陵君杀死的晋鄙的门客在魏王面前诬陷信陵君道："信陵君在外流亡十余年，可威名丝毫未损。他刚当上上将军，诸侯就都听他指挥。各国只听说魏国有信陵君，没听说有魏王。信陵君也想趁着自己声威大盛时称王。诸侯都怕他，都想拥立他。"

秦王多次使用反间计，大张旗鼓地派人"恭贺"信陵君当上了魏王，来了以后"才知道"消息是假的。魏王天天听这些诽谤的话，不由得不信，后来果然派人取代了信陵君的上将军职位。

信陵君知道，因为别人的诋毁，所以自己被替代了，就借口有病不去上班了。他跟宾客通宵达旦地饮酒,沉溺于女色。

这样过了四年,信陵君因酒色过度而病死了(成语"醇酒妇人"源于此,指因意志消沉而沉湎于酒色之中)。信陵君死的这一年,魏安僖王也去世了。

秦国听说信陵君死了,派大将蒙骜攻打魏国,占领了魏国二十座城池。顶梁柱没了,以至于信陵君死后十八年,秦灭魏。

信陵君死得挺窝囊。秦国使用反间计只能算致使信陵君被"下课"的外因。俗话说,疑心生暗鬼。没有内因,外因起不了那么大的作用。先有魏王的疑忌,后才有反间计的成功。

其实,分辨谗言并不难,只是人不去仔细甄别罢了。来说是非者,便是是非人。有时,被谗言攻击的人反而是出类拔萃的。多少叱咤风云的大将军没有死在战场上,没有死在敌人的屠刀下,反而死在政治倾轧上,死在自己人的暗箭下,李牧、岳飞、袁崇焕等,不胜枚举,思之令人痛彻心扉。

汉高祖刘邦在没发迹时,就已经听说信陵君贤能了,一直把这个大侠客当作自己的偶像。等他成为天子以后,每次经过河南开封,他都要祭祀信陵君。后来,刘邦又专门设置五户人家管理信陵君的陵墓,让人世世代代祭祀信陵君。

信陵君时代与刘邦称帝相隔了几十年,足见信陵君影响的深远。刘邦对待知识分子没礼貌,但他与下层人物哪怕是看门人都谈得来,不知是不是受了信陵君的影响。

司马迁评论道:我曾经到过开封,寻找信陵君时代的踪迹,寻访到了他拜访侯嬴的夷门。所谓夷门就是东门。当时孟尝君、平原君、信陵君、春申君这四位公子,都喜欢士人,但像信陵君那样接待民间隐士如

第二章　魏公子礼贤下士　汉高祖独慕信陵

侯嬴、毛公、薛公的做法，其他三人还是望尘莫及的。而且信陵君不以与地位卑下的人结交为耻，比如他结交屠夫朱亥。信陵君的这种品行绝无仅有，名冠天下，这可是千真万确的啊！汉高祖刘邦每次经过这里，都要求不能断了信陵君的祭祀。

不以富贵骄人，真心实意对待士人，并且知错能改，是信陵君身上最让笔者钦佩的地方。司马迁本来惜字如金，但在写到信陵君时，却一反常态，不吝笔墨，其心态可想而知。

春申君传

> 烈士思酬国士恩,春申谁与快冤魂?
> 三千宾客总珠履,欲使何人杀李园?
> 　　　　　　　　　(唐)杜牧《春申君》

> 终古天心不可亏,阴谋只是得倾危。
> 春申便使能成事,只似秦家吕不韦。
> 　　　　　　　　　(明)孙贲《黄歇》

第一章　能为楚不辱使命　保太子捷足先登

春申君是楚国人，姓黄名歇。

春申君曾经到各地游学，见闻广博。他服侍过楚顷襄王。这楚顷襄王是楚国倒数第五位王，是楚怀王的儿子。

楚怀王是让屈原不得志的那个人，也是被张仪骗得团团转的那个人。后来，秦昭王把他诓到了秦国，扣押了他，想以他来要挟楚国割地，可楚国不同意。国不可一日无君，楚人立太子为王，他就是楚顷襄王。楚怀王想逃回楚国没有成功，最后客死秦国。

楚顷襄王认为春申君善于辞令，就派他出使秦国，担任驻秦大使。春申君在秦期间，听说秦昭王派白起进攻楚国，把楚军打得连连败逃，而且秦昭王还想联络楚国北面的韩、魏共同进兵，他非常着急。楚怀王就是被秦国拘押而死的，秦国也十分轻视楚怀王的儿子楚顷襄王，春申君怕联军这样夹击，真的会让楚国灭亡。

春申君传

◎ 春申君的密切相关者

	人物	关系	详情
1	楚顷襄王	君主	任命春申君为左徒,并以外交官身份去秦国游说,阻止秦攻楚
2	楚考烈王	君主	为太子时与春申君共质于秦。继位后任春申君为令尹
3	楚幽王	君主	据《史记》,春申君可能是楚幽王的生物学父亲
4	李园	门客	一个别有用心的阴谋家,获得了春申君的信任
5	李园之妹	妾室	一个别有用心的阴谋家,获得了短期的富贵
6	秦昭王	对头	长期扣留楚太子和春申君
7	范雎	朋友	与楚太子交好。在范雎的保护下,春申君得以保全
8	平原君	盟友	邯郸之战时平原君访楚,春申君领楚王令出兵
9	信陵君	盟友	信陵君窃兵符领兵与春申君联合救赵
10	鲁国国君	对头	亡国之君。春申君主政期间,攻灭鲁国
11	荀卿	下级	游学于齐国,三为祭酒。后来被谗而适楚,春申君以为兰陵令
12	三千食客	食客	看起来是面子工程,并无多少真才实学之人
13	朱英	门客	可能是众多门客中唯一一个明白而清醒的人
14	亡命徒	对头	李园收养的。春申君被亡命徒斩首

第一章　能为楚不辱使命　保太子捷足先登

春申君于是向秦昭王上书说:"天下没有比秦、楚两国更大的国家了。现在听说您要攻打楚国,这好比两虎相争,两败俱伤,这样的两只伤虎,连劣狗都打不过了。秦、楚两国鹬蚌相争,就会让渔人得利,因此,我认为您不如善待楚国。请允许我讲明其中的道理。

"我听说物极必反,冬夏的季节更替就是如此。凡事到达顶点时最危险,垒棋子就是这样的。月满则亏,水满则溢,这是最明白不过的道理了。秦国的土地极其广大,威势得以充分发挥,当世难有人与秦争锋,这时您更应该让军民休养生息,一张一弛才是长久之道。

"您如果能暂时停止用兵,保住眼前的既得利益,施行仁义,巩固基础,就能免除后患。您若一味贪大,后方不稳,我真替您担心。《诗经》上说,事情开始时轰轰烈烈,但往往虎头蛇尾(靡不有初,鲜克有终)。《周易》上说,狐狸渡河时,爱惜自己的尾巴,总是高高竖起不让它沾湿了,可是当狐狸困乏时,不知不觉地就放松下来,尾巴还是要沾水。这就是说,开头容易,善始善终很难。对于军事行动来说,攻取容易,想稳固很难。如果自恃武力,非得失败不可。晋国的智伯一心想灭掉赵氏,谁知韩、魏中途反悔,反而联合赵氏一起灭了智伯。智伯在胜利在望之时功败垂成(韩、赵、魏"三家分晋"之前的重要政治事件)。吴王夫差一心想与中原各国争霸,谁知越王勾践经过十余年的力量积蓄,在吴王获得有名无实的盟主之位以后,几年内就灭掉了吴国。这两人至今都被人耻笑,不是他们没有建立大功业,而是他们只顾眼前利益,忘记了后患,功亏一篑。您也应该深思这两段历史。

"《诗经》说,大军不应长途跋涉去攻伐。照这样看,远离秦国的楚国应是您的朋友,而毗邻秦国的韩、魏才应是您的敌人。《诗经》又说,那些狡猾的野兔来回奔跑打乱足印以逃避追踪,可还是逃不脱经验丰富的猎犬的追击，因为总会有蛛丝马迹留下。这好比别人另有图谋，自己总要细心揣摩，才会识破其庐山真面目。敌人不可宽容，时机不可失去。我听说您相信韩、魏的忠诚，这样就大错特错了，恐怕韩、魏是用谦卑的言辞来迷惑欺骗您。为什么这么讲？大王您想想，秦国对韩、魏有什么恩德可言？相反，只有仇恨。韩、魏两国在十余代的时期内，父子兄弟相继死在秦军的屠刀下，两国的国家受摧残，宗庙被损坏，人民被剖腹断肠、身首异处，秦军过后景象惨不忍睹。一句话：国家凋敝，民不聊生。您想想，这样的国家怎么会对秦国忠诚？您若相信韩、魏，就好比吴王夫差轻信越王勾践一样，世仇是很难和解的。希望您能揣摩出韩、魏的真实意图。

"况且您要进攻楚国从哪里进兵呢？若向仇敌韩、魏借道，恐怕自大军出发那天起，您就要为这支秦军的命运提心吊胆了。如果韩、魏翻脸不认人，从后面掩杀，楚军从正面冲击，秦军全军覆没是毋庸置疑的。您可以说，韩、魏不会这样做，但谁能担保呢？您如果从秦、楚中间的不毛之地进兵，也未必能达成心愿。那一条路到处是崇山峻岭、万丈深渊，您即使得到那块土地也毫无用处。那块地种不了庄稼，得到了也没有利益可言。而且秦、楚在西南一打，互相牵制主力，韩、魏、齐会从东北进攻，它们攻占的土地可都是膏腴之地，得到后足以称雄天下，这真是秦国栽树，别人乘凉。我真看不出秦国联合韩、魏攻打楚国，对秦国有什么好处。这应该是空费钱粮，为他人作嫁衣裳。我认为，秦国不如和楚国盟好，在远方留一个好朋友，全力对待韩、魏、齐等仇敌，这样的话，秦国才没有后顾之忧。希望您仔细考虑一下这件事。"

秦昭王说："好。"就中止了白起的进攻计划，谢绝了韩、魏的邀请，还派遣使者去与楚国订立了盟约。

第一章 能为楚不辱使命 保太子捷足先登

春申君算是暂时让楚国避免了一场大灾难。

他回到楚国以后,楚顷襄王又派他和太子完到秦国做人质,以保证"盟好"的延续。他们被秦国扣留了好几年。

后来,楚顷襄王生病了,可能不久于人世了,可太子完还被秦国扣留着,不能回国。这太子完和秦相范雎友好,春申君就对范雎说:"您真和太子完友好吗?"范雎说:"那当然。"春申君说:"楚王恐怕一病不起了,秦国不如让楚太子完回国。他若能继承王位,肯定会亲近厚待秦国,也会永远感激您;如果不让他回国,那他不过是旅居秦国的一个平民百姓罢了。楚国若另立楚王,肯定不会像太子完那样服侍秦国。秦国就这样失去了一个盟国,太不划算了。希望您好好考虑一下这事。"范雎把这层意思透露给了秦昭王。秦昭王说:"让太子的师傅先回去探明情况,回来再决定这件事。"秦昭王怕的是他们散布假消息,好趁机逃走。他想核实一下这件事。

春申君对太子完说:"秦王扣留您,是想勒索好处。可您现在能不能继承王位还是未知数,又有什么能力向他许诺呢?当务之急是赶快返回楚国继承王位,其他一切都好说。可现在秦王不放您回去,若贻误时机可就糟糕了。现在楚国还有其他有能力继承王位的人,如果楚王寿终时,您这个太子不在身边,恐怕别人就会捷足先登。太子不如逃离秦国,和回国探听情况的使者一道出去,善后问题由我处理,要杀要剐随他们便。"楚太子完于是就化装成楚国使者的车夫,离开了秦国,留下春申君处理善后事宜。

秦昭王派人来问候楚太子完。春申君说楚太子完生病了,不便见客。他估计楚太子完已远走高飞,秦人再也追赶不上了,就亲自对秦昭王说:"楚太子完因父亲病重,回国心切,已远离秦国了。我们违背了您的意愿，请您赐我黄歇一死。"秦昭王大怒，就想让春申君自杀。范雎劝道："春申君作为人臣，宁愿为自己主人献身，如果楚太子完继位，一定会重用他。我们不如善待他，放他回去，这样也留一份善缘。"秦昭王听从了范雎的意见，把春申君也送回楚国。

春申君回到楚国三个月以后，楚顷襄王去世，楚太子完继位为楚考烈王（楚国倒数第四位王，也是被毛遂说服了的那个人）。他继位后，果然任命春申君（这时才赐号"春申君"，之前只是为了统一名号才那样叫的）为令尹，并赏赐给他领地。

春申君成为令尹时，齐国有孟尝君，赵国有平原君，魏国有信陵君，他们争相礼贤下士，招徕门客，用来辅佐国家，把持政权。

在春申君担任令尹第四年时，赵国遭受长平惨败。在春申君担任令尹第五年时，赵国都城邯郸被围。赵国平原君一面向魏国信陵君求救，一面亲自带领二十名精挑细选的门客来到楚国求救。在长时间商谈无结果时，毛遂挺身而出，用威猛的气势震慑住了楚考烈王，并且陈说利害。楚考烈王被说服，于是与平原君结盟，并且派春申君带兵支援赵国，最后共同击退了秦军。

在春申君担任令尹的第八年，楚国灭掉了鲁国。这个时候，楚国又开始振作了。

赵国平原君派人向楚国春申君问好致意。春申君把来人安排在了上等宾馆。这人想向楚人夸耀财富，于是他头上插着名贵的簪子，连宝剑剑鞘都装饰着珠玉，盛装请求会见春申君门客。这时春申君也有食客三千，他的上等宾客连鞋子上都镶嵌着珍珠，平原君的使者感到十分羞惭。

这样夸财比富或者卖弄才学，都不是真正有修为的人做的事，只会自取其辱罢了。

第二章　时乱事危谋退计　世上再无吕不韦

在春申君担任令尹第十四年时，秦庄襄王（*秦始皇父亲*）继位，吕不韦被任命为秦相。

在春申君担任令尹第二十二年时，六国害怕秦国不停地侵占各国利益，就又合纵联盟，共同向西攻打秦国。楚考烈王为"六国联盟""名誉主席"，春申君任"常务主席"。联军抵达函谷关时，秦军出击，联军败走。事后楚考烈王追究责任，认为春申君无能，从此逐渐疏远了他。

春申君门客中有个叫朱英的对春申君说："人们认为楚国是在您当令尹后才衰弱的，我不这么认为。先王顷襄王在位时与秦国盟好，有二十年秦、楚没发生战争，是秦怕楚吗？不是，那它为什么不打呢？因为那时秦国攻打楚国无路可通，即使找到了路，也十分不方便，而且害怕韩、魏偷袭，这才与楚国盟好，并非惧怕楚国。可如今形势变了，魏国渐渐抵挡不住了，如果魏国投降，秦军从北向南进攻就方便多了，到那时，秦、楚斗争可就激烈了。"

楚考烈王无子，春申君十分忧虑。他忧虑的应该是如果楚王后继无人，自己的地位难以长久保有。于是，他选了许多有宜子之相的女人送入宫中，可楚王还是没有生出儿子。

北方的赵国人李园带着妹妹来到楚国，想把妹妹进献给楚王，可听说他不能生儿子，就担心妹妹若无儿子的话，蜜月期一过就会失宠。于是李园就投归了春申君，做了门客。

不久之后，他请探亲假，故意晚些回来。春申君问他怎么回来得这么晚，他说："齐王派使者来要娶我妹妹，我陪着齐王使者喝酒，这才耽误了归期。"春申君问："收聘礼了吗？"李园说："还没有。"春申君问："我能看看你妹妹吗？"李园说："没问题。"于是李园把妹妹献给了春申君。没多久，她就怀了身孕。

李园知道后就和妹妹商量好了一个计策。李园的妹妹找机会劝说春申君道："您与楚王是患难之交，他对您的宠信就是亲兄弟也未必比得上。如今您已在楚国当了二十多年令尹，但楚王没有儿子，他死后肯定由兄弟继位，那时一朝天子一朝臣，您怎么能长久地享有富贵呢？事情还并非这样简单，您当了这么多年令尹，难保不会得罪楚王的兄弟，如果一个暗中敌视您的人继位，恐怕灾难就要降临了。那时您就算只想做富家翁恐怕都不行了。现在我知道自己怀有身孕，而别人不知道。我受您宠幸没多久，别人未必知道底细。凭着您的显贵，如果把我进献给楚王，楚王重视您的情面，肯定会宠幸我。如果老天保佑我生了个儿子，一旦成为继承人，那么这就是您的亲儿子当楚王，这样整个楚国就都成了您的，和像现在这样随时会有不可预知的灾祸相比，哪一个更好呢？"这话正好说出了春申君的心病。春申君完全同意这条计策，便巧妙安排，掩人耳目，把李园的妹妹进献给楚王。

第二章 时乱事危谋退计 世上再无吕不韦

楚考烈王十分宠幸李园的妹妹。不久，她生了一个男孩，被立为太子。楚考烈王重用李园，李园专权。

像李园这种为了谋取荣华富贵而不择手段的小人，猜疑心肯定重，而且贪得无厌。他日益骄横，而且怕春申君泄露了这个惊天的秘密，就暗地里收养亡命徒，想杀春申君灭口。

春申君做令尹第二十五年时，楚考烈王病重。门客朱英对春申君说："世界上有从天而降的幸福，也有可以预料的灾祸。如今您处在生死无常的时期，侍奉的是喜怒无节的主人，怎么可以没有控制吉凶祸福的人呢？"春申君问："什么是从天而降的幸福？"朱英说："您担任楚国令尹二十五年了，名义上是令尹，实质上是楚王。如今楚王病重，早晚要去世，您就要辅佐乳臭未干的幼主，代替他执掌政权，直到他长大能亲政为止，这不是和您拥有楚国毫无区别吗？这就是从天而降的幸福。"春申君又问："什么是可以预料的灾祸呢？"朱英说："李园虽然不执掌国家政权，可他是将来楚王的舅舅，现在却成为您的仇敌。他不管军事却早已培养敢死队了，楚王一去世，李园必定抢先入宫夺取政权并杀您灭口，这就是我说的可以预料的灾祸。"春申君接着问："谁是可以控制吉凶祸福的人呢？"朱英说："您马上安排我进宫担任侍卫，楚王一死，李园必定先入宫，我替您杀了他，解除威胁。我就是那个可以控制吉凶祸福的人。"春申君说："您不用如此费心。我了解李园，他是个软弱的人，我和他又很要好，他只会对我有利。您这是杞人忧天吧？"朱英知道春申君听不进自己的意见，害怕被牵连，就逃走了。

春申君用老眼光看人，完全错了。李园已经不是当年那个唯命是从的小瘪三了，他的私欲如今已经膨胀了。贪婪的人总是贪了还想贪，想收手可没那么容易。

春申君传

十七天后,楚考烈王去世。李园果然抢先入宫夺取了控制权,并把他收养的亡命徒埋伏在宫内两侧。春申君一入宫门,就被亡命徒群起攻击刺死了,他的头被割了下来扔出宫外。李园趁机屠灭了春申君一家。当初受春申君宠幸怀孕、后来又被献给楚考烈王的李园妹妹所生的儿子继位了,他就是楚幽王。

司马迁评论道:我到楚地,考察了春申君的领地,里面的宫室可真是富丽堂皇啊!当初,春申君劝秦昭王不要进攻楚国,以及后来宁可牺牲自己也要打发太子完回国,体现了他雄辩、勇敢和智谋超群的特质。后来他麻痹大意,受制于李园,这可太糊涂了。俗话说"当断不断,反受其乱",说的正是春申君不采纳朱英的意见吧!

《战国日报》发表评论员文章:"战国四君"谁更称得起"流量担当"?"战国四君"中信陵君最高尚,他能真正地礼贤下士,也能真正地用人,在品行与能力上都是出类拔萃的。信陵君对屠夫朱亥,对隐居在赌场中的毛公、酒厂中的薛公都能真心相待,对一个贵族公子来说,他确实不易。信陵君积极采纳侯嬴弃小义就大事的建议,在救赵成功、志得意满时听从唐雎的劝阻,在魏国受攻击后听从薛公、毛公"皮之不存,毛将焉附"的理论,这都是从善如流的表现。信陵君能让汉高祖那么折服,足见他的光彩。可是不知什么原因,在后代的传颂中,孟尝君的知名度要比信陵君高。大家若仔细品评,信陵君为人处世应为四君之冠。

孟尝君有点不辨忠奸好坏,食客三千中只有冯谖可圈可点。当他失势时,其他人都溜之大吉,这些人人品都不怎么样,不像信陵君的门客,在信陵君准备与秦军拼命时,门客明知是死,还不离不弃。

平原君有点有名无实,他更多的是要一种虚名,需要这些人装点门面,投归他的应该大多是说得多做得少的绣花枕头,除了一个毛遂。

第二章 时乱事危谋退计 世上再无吕不韦

◎五位食客三千的风云人物简单总结

1 姓名	田文	赵胜	魏无忌	黄歇	吕不韦
2 封号	孟尝君	平原君	信陵君	春申君	文信侯
3 主要侍奉的君主	齐湣王 前301—前284	赵孝成王 前265—前245	魏安僖王 前276—前243	楚考烈王 前262—前238	秦始皇 前246—前210
4 身份	贵族 相国	贵族 相国	贵族 上将军	贵族 令尹	商人 相国
5 共同的人物交集	秦昭王	秦昭王	秦昭王	秦昭王	秦昭王
6 门客质量	☆☆☆	☆☆ ☆☆	☆☆ ☆☆☆	☆☆☆	☆☆ ☆☆☆
7 明星门客	冯谖	毛遂	侯嬴	朱英	李斯
8 文化作品	×	×	《魏公子兵法》	×	《吕氏春秋》
9 结局	正常死亡	正常死亡	忧郁而终	被李园杀害	被秦始皇逼死
10 简评	鸡鸣狗盗不择友，孟尝市义堪可夸	长平之败责难逃，浴火重生守邯郸	公子高义让人羡，醇酒美人毁英雄	楚国已显衰世景，只凭春申岂能为	奇货可居慧眼具，一代雄豪史留名

春申君传

　　春申君有一点自高自大，这可能是他长时间拥有权力造成的。人总会被胜利冲昏头脑。他认为能操控李园，谁知最后反而被李园灭族。朱英的话说得很有道理，也很深刻透彻，可惜春申君不听。他这种态度也注定了他必然灭亡。

　　信陵君门客侯嬴、孟尝君门客冯谖、平原君门客毛遂、春申君门客朱英，这四人可谓有胆有识。单从实际效果来看，毛遂与侯嬴成就最高，因为他们是为国家舍生取义；冯谖足智多谋，可惜他主要是为孟尝君个人谋利益；朱英虽然看得透，但他没有办法让春申君采纳自己的建议，在实践的环节上可能还欠点火候。如果在侯嬴与毛遂之间再评判一下优劣的话，笔者宁愿选侯嬴。侯嬴为成就信陵君的名声，不惜给自己脸上抹黑，为了激发信陵君的斗志，宁可自杀，这真是太让人感动了。

刺客列传

燕南壮士吴门豪,筑中置铅鱼隐刀。
感君恩重许君命,太山一掷轻鸿毛。
　　　　　　　（唐）李白《结袜子》

并刀昨夜匣中鸣,燕赵悲歌最不平。
易水潺潺云草碧,可怜无处送荆卿!
　　　　　　　（明）陈子龙《渡易水》

第一章　看成败曹刿论战　一言出驷马难追

司马迁选的春秋战国时代的刺客有五位：曹刿（guì）、专诸、豫让、聂政和荆轲。

"曹刿"在《史记》原文中写作"曹沫"，但是也有一些书籍记载作"曹刿"。我们学过《曹刿论战》，笔者连带解析这篇文章，因此本文采用"曹刿"。曹刿是春秋初期鲁国人。

专诸在本系列《吴越争霸（故事篇）》中讲述过，他是帮助吴王阖闾刺杀吴王僚的人，是春秋末期吴国人。

豫让在本系列丛书之《长平之战》中讲述过，他是春秋末期晋国人。当时，晋国有四大家族，为智伯、韩、赵、魏，他们操纵着朝政。后来，智伯被赵襄子（战国时期赵国的奠基人）杀死，而豫让是智伯的门客，他为了替主人复仇，两次刺杀赵襄子。

聂政是战国初年魏国人，后来在齐国认识了一个叫严仲子（严遂，字仲子）的人。严仲子本是韩国大臣，因受到韩相韩侠累的排挤迫害而

刺客列传

逃难到齐国。他预谋复仇，于是千方百计地结交聂政，在感情攻势奏效后，指使聂政刺死了韩侠累。

荆轲太有名了，大家都应听说过。他是战国末期秦国的附庸国卫国人，后来被燕国太子丹奉为宾客。因为秦始皇吞并六国的脚步加快了，太子丹派荆轲刺秦王，以扰乱秦国的战略部署。

司马迁是按时间的顺序编排他们的，其中只有曹刿得以保全，其他四位全部杀身成仁了。

曹刿是春秋初期鲁国人，当时鲁国是鲁庄公（鲁庄公与"春秋五霸"之首齐桓公同时代。齐国与鲁国是山东境内的两个诸侯国，所以山东也叫"齐鲁大地"。当时，齐强鲁弱，鲁国经常受到齐国攻击。有一个非常著名的以弱胜强的战例——齐鲁"长勺之战"，就是由曹刿指挥的。《曹刿论战》出自《左传》，《古文观止》收录其中。我们在中学时代学的很多文章都选自《古文观止》，大家有兴趣的话不妨读一下，这是一本可陪伴终生的经典之作）在位。齐国军队讨伐鲁国。鲁庄公生平好斗，不屈服于大国压力，准备迎战。

国难当头，曹刿请求拜见鲁庄公。他当时应该还是平民百姓或者职位低微者。有人劝他说："不在其位，不谋其政。有上层人物主持研讨会，您还参与其中干什么呢？"曹刿说："国家兴亡，匹夫有责。况且那些上层人物鄙陋不堪，要么色厉内荏，要么鼠目寸光，他们根本不能深谋远虑。"

于是，曹刿拜见鲁庄公，问："您凭借什么与齐国交战？"鲁庄公说："有好吃的、好穿的，我不敢独自享用，总是拿来分人。"曹刿说："这种小恩小惠根本不能惠及天下百姓，人们也不会因此而死心塌地地跟随您。"鲁庄公又说："我在祭祀时一切遵从祖制，中规中矩，准备祭品从不敢偷工减料，唯以诚信为主。"曹刿说："做这种小事没法让人心

第一章 看成败曹刿论战 一言出驷马难追

悦诚服，也无法取信于鬼神，鬼神是不会降福的。"鲁庄公又说："大大小小的案情，我虽然不敢说反复地审查，但总是尽力调查实情，基本没有冤、假、错案。"曹刿点头说："您恪尽职守，为全国创造出一个公平的环境，这是大仁义，单凭这点就可以迎战了。等到开战时，我请求跟随您一起去。"

这段对话极其经典，道出了统治者与下属之间究竟靠什么维系忠诚度的问题。很多人总热衷于小恩小惠。其实，单靠点对点地收买是不济事的。统治者应施行大仁大义，努力创造出一个让人心情舒畅、人人有所增益的公平的宏观环境。

齐鲁两军在鲁国境内的长勺展开决战。鲁庄公想击鼓进攻，曹刿说："不行，时机未到。"齐军那面击打了三通鼓，冲锋了三次，都无功而返。曹刿说："现在进攻。"鲁军发起进攻，击败了齐军。鲁庄公想追击，曹刿说："现在不行。"他走下车子察看齐国战车败退时碾过的痕迹，又把着车前的扶手，仔细观察齐军退却的情形，然后说："可以追击了。"于是鲁军追击，把齐军打得大败。

等到胜利回师时，鲁庄公问曹刿这场战斗胜利的原因。曹刿说："作战全靠勇气与智慧。一鼓作气（成语"一鼓作气"来源）才能给敌人以致命的打击。齐军接连冲锋三次都没有奏效，士气就低落了。我们就是趁着敌人士气衰竭而我军斗志昂扬的时机，击败了他们。但胜利了不能盲目乐观，还要有洞察力，因为齐国是大国，人才辈出，很难预测其作战意图。自古兵不厌诈，我怕他们是诈败，想引诱我们进埋伏圈。当我观察到他们败退时车辙很乱、旗帜颠倒时，知道他们果真战败了，这才命人追击，最后的结果不出所料。"鲁庄公叹服。

这是典型的运用心理战取得军事胜利的案例。

刺客列传

◎ 五大刺客的梳理与总结

1 姓名	曹沫 或称曹沫	专诸	豫让	聂政	荆轲
2 国籍	鲁	吴	晋	魏	卫
3 效忠的人	鲁庄公 前693—前662	吴王阖闾 前514—前496	智伯 ?—前453	严仲子 生卒年不详	太子丹 ?—前226
4 刺杀对象	齐桓公 前685—前643	吴王僚 前526—前515	赵襄子 前457—前425	韩相国侠累 ?—前397	秦王嬴政 前246—前210
5 刺杀时间	前681 （有争议）	前515	约前453	前397	前227
6 刺杀目的	为鲁国争利	为私人夺权	为主人复仇	为私人复仇	为燕国而战
7 刺杀工具	匕首	鱼肠剑 （品牌）	匕首	长剑	徐夫人匕首 （品牌）
8 周围人物	管仲	伍子胥	妻子 友人	聂荣	田光 高渐离
9 结果	目的达成 刺客无恙	目的达成 刺客身死	行动失败 刺客身死	目的达成 刺客身死	行动失败 刺客身死
10 所在篇章	本册 《刺客列传》	本系列 《吴越争霸 （故事篇）》	本系列 《长平之战》	本册 《刺客列传》	本册 《刺客列传》

第一章　看成败曹刿论战　一言出驷马难追

《史记·刺客列传》中说曹刿凭着勇力侍奉鲁庄公。曹刿作为将军，与齐国交战三次全都败北，鲁庄公恐惧，就献出遂邑请和，但仍然任用曹刿为将军（有一位叫梁玉绳的考证说：鲁庄公在鲁庄公九年至十三年与齐桓公结盟期间，齐鲁之间只发生过长勺之战，还是以鲁国胜利而告终的，怎么能发生三次战争呢？而且遂邑是遂国的土地，因为遂国不听从齐国，所以被齐桓公灭掉了。遂邑本身是独立的遂国的土地，又怎能被鲁国进献给齐国呢？《史记》上的说法是错的。此考证记载在韩兆琦先生的《史记选注集说》上。这应该属实，但对于我们这些普通读者来说，没必要计较那么多，只把这当作一个精彩的故事来读就可以了。我们这样理解就可以了：曹刿因为在长勺之战中表现优秀，所以被鲁庄公提拔为将军。假使三次战争都由曹刿指挥，以他的智慧，应该不会惨败如此，但是也可能齐鲁实力悬殊。这段公案还得由历史专家给我们答案）。在这里我们采取《史记》的说法，鲁国战败，被迫割地，鲁庄公与齐桓公在柯地会盟（今山东阳谷，"武松打虎"就发生在这里），共商和平大计。

齐桓公与鲁庄公在盟坛上签订了盟约以后，曹刿拿匕首挟持住齐桓公，齐桓公的左右怕伤了他，都不敢轻举妄动。齐桓公的国相管仲问道："你想干什么？"曹刿说："齐强鲁弱，齐国自恃强大，多次欺凌我国，欺人太甚。如今鲁国的城墙若倒塌，都会压到齐国的地面上了。你们步步紧逼，让鲁国喘不过气来，您看这该怎么办呢？"齐桓公于是答应把齐国侵占鲁国的土地都退还给他们。曹刿得到承诺，这才放下匕首，走下盟坛，回到自己的行列中，气定神闲，言谈举止没什么变化。

齐桓公很恼怒，想背弃承诺。管仲说："不可这样。您若只贪图一时的小利，出尔反尔，会失信于天下，造成极其恶劣的影响，从而让人心寒，会失去很多朋友。您不如说到做到，把土地归还给鲁国。"于是齐桓公把齐国侵占鲁国的土地全部归还了。齐桓公虽然也和平常人一样会发怒，但他冷静得很快，并且能听进良言，由此可见，他得到霸主的地位的确不是偶然的。

后来，荆轲之所以失败，是因为他想效法曹刿，逼秦始皇签订退地条约。然而，时代背景不同，不能生搬硬套。

齐桓公有经营天下之志，而无吞并天下之力，并且要尊崇周王室。很多事情都有两面性，"尊王攘夷"既是齐桓公成功的利剑，也是他巨大的政治包袱。他施展不开手脚，所以只能成为"带头大哥"。

秦始皇不是这样的，他目标明确，就是要兼并天下、开基肇业，因为秦国实力雄厚。秦始皇本人是好大喜功也罢，是雄才伟略也罢，反正他雄心勃勃，不会屈服于外力。弱者与强者之间无公平合同。荆轲的失败，可以预料到。

在"曹刿挟齐桓公"事件过了一百七十六年后，吴国发生了"专诸刺王僚"事件。"专诸刺王僚"事件在本系列丛书之《吴越争霸（故事篇）》中有详述，在此略过。

又过了六十余年，晋国发生了"豫让刺襄子"事件。"豫让刺襄子"事件在本系列丛书之《长平之战》中有详述，在此略过。

在"豫让刺襄子"事件过了五十六年后，韩国发生了"聂政刺韩相"事件。

第二章　不受金孝子为母　怕留名聂政毁容

聂政是战国初期的魏国人。这时晋国已经分裂成韩、赵、魏三国。

聂政因为杀了人要躲避仇家,便与母亲、姐姐来到了齐国。为了养家糊口,他做了屠夫。这时,有一个叫严仲子的韩国人也逃亡到齐国。他是韩国的大臣,侍奉过韩列侯(《史记·刺客列转》原文为韩哀侯,当为笔误)。严仲子当时非常受宠幸,与韩相韩侠累形成了竞争关系。有一次严仲子列举韩侠累的过失,被韩侠累在朝廷上大声斥责,严仲子拔剑想要杀了韩侠累,在众人的劝解下才罢手,但两人的矛盾斗争已白热化。韩侠累毕竟是国相,权势遮天,严仲子怕被诛杀,只好逃亡到国外。他四处游历,想物色能够为自己报仇的人。

严仲子到了齐国,有当地熟人对他说,聂政是个勇士,只因逃避仇家才来到齐国以屠宰牲畜为业。严仲子多次求见聂政,聂政都闭门谢客,最后看他确实心诚,才接纳了他。

别看聂政是个任侠使气的江湖豪客,却是个孝子。严仲子亲自向聂政母亲敬酒,当喝到畅快时,他拿出黄金百镒献给聂母作为礼物,并祝她健康。聂政认为礼太重了,坚决不接受。严仲子执意要送。聂政说:"我的老母亲健在,这是我的荣幸。虽然家境贫寒,但我宁可自己忍饥挨饿,也要让母亲吃上可口的饭菜。现在我赡养母亲没问题,不敢接受您的礼物。"

严仲子避开众人说道:"我有仇人,他逼我太甚。此仇不报非君子。然而我游历四方都没找到合适的人选为我报仇。我来到齐国后听说您很讲义气,因此奉献黄金百镒作为您母亲的饮食费用,并想结交您这个朋友。难道您怕我有非分的要求吗?"聂政说:"我之所以躲在市井中讨生活,是因为想避开江湖仇杀,让母亲颐养天年。只要母亲健在,我就不敢看轻生命为人献身。"严仲子再三进献,聂政还是不接受。但严仲子得到了很好的款待,表明他已被聂政接纳。

过了很久,聂政的母亲去世了。聂政精心安排了葬礼,尽了作为儿子的最后孝心。守孝期满后,聂政说:"哎呀!我只是一个市井上微不足道的屠夫罢了,而严仲子贵为卿相,却不远千里屈尊来结交我,和他对我的深情厚谊相比,我对人家可太薄了,没什么可称道的。当初严仲子奉献黄金百镒作为我母亲的寿礼,虽然我没接受,可从这件事可以看出来,他很赏识我。严仲子被个人仇恨所煎熬,想找一个替他报仇的人,竟然选中我这个地位卑贱的屠夫。他如此高看我,我难道能默不作声吗?况且他以前想要请求我为他办事,因老母健在,我只能推辞。如今老母寿终,我聂政要为知己者所用了。"

于是聂政找到严仲子说:"我以前之所以没有答应您,只因我母亲还在。如今她驾鹤仙逝,我再无牵挂了。您的仇家是谁?这件事由我处理吧。"严仲子说:"我的仇人是韩相韩侠累,他也是韩国国君的叔父,

第二章 不受金孝子为母 怕留名聂政毁容

在韩国权势熏天，炙手可热，整天前呼后拥的，防守严密。我以前也想派人刺杀他，但终究没机会。如今您不嫌弃我，想为我出这口恶气，我愿多派人手做您的辅翼。"聂政说："您现在的居住地离韩国都城不太远。他是韩国的国相，又是宗室贵族，在这种情形下，不适合多人行动，因为人多了，就不能保证都全身而退。万一有个三长两短，比如有人被擒，就会泄露您的行踪，那样整个韩国都会与您为敌，那不是太危险了吗？"他谢绝了严仲子派助手的建议，只身来到韩国都城。

聂政只带一把长剑潜入韩府。当时韩侠累正在府堂上坐着，周围有许多手执利刃的卫士。聂政看准时机，突然跃上台阶，当场杀死了韩侠累。周围的卫士大乱，谁也不敢相信这是事实。缓过神来后，他们操起武器围了上来。聂政指东打西，击杀了数十人，后来一看实在逃不掉了，就毁了自己的面容，挖出眼睛，剖腹自杀，肠子都流了出来。

韩国人把聂政的尸首陈列在闹市上，悬赏查询他的来历。可他已面目全非，没有谁能认出他来。韩国人又重金寻找线索，说："有知道谁是刺杀国相主谋的，赏赐千金。"过了很久都无人提供线索，因为聂政只身一人行刺，他死了，再无活口。

聂政的姐姐聂荣听说有人刺杀了韩侠累，没人知晓刺客是谁，如今韩国人悬赏千金寻找凶手，于是呜咽着说："难道是我弟弟吗？哎呀！严仲子倾心结交我弟弟，难道真是他派遣的吗？"她来到停放聂政尸体的地方，趴在尸体上痛哭不止，说："他是魏国的聂政啊！"

行人说道："这个人杀害了我们的国相，国君悬赏千金查寻他的来历，夫人难道不知道吗？你怎么敢来认尸呢？"聂荣说："我听说了，可即使这样，我也会义无反顾地来认领尸首。聂政智勇双全，可惜一直未遇到知音。他当时之所以隐居在市井，是因为我母亲健在，而我还没出嫁。如今母亲享尽天年，我也出嫁了，我弟弟这才放开了手脚。虽然我弟弟出身低微，但是贵为卿相的严仲子却依然倾心结纳。他对我弟弟的恩情太深了，我弟弟还能怎么样呢？士为知己者死。他是因为怕连累亲属，所以才毁容自残了。我怎么能因为怕死，而埋没了弟弟的英名呢？"她仰天大呼三声"天哪"，终因悲哀过度而死在聂政身旁。韩国人大为震惊。

其实聂政自残主要是怕人根据他这条线索追查到严仲子是主使人。她姐姐自以为他是怕连累亲人。为了不让弟弟死得无声无息，她自报家门显扬其名倒也无可厚非。

天下人听说这事后都说："不仅聂政贤能，他的姐姐也是烈女子。如果聂政知道他姐姐没有隐忍的品格，会不顾身家性命，千里迢迢地来到韩国显扬他的名声，他恐怕未必会轻易答应严仲子。可以说，严仲子有知人之明呀！"

后人鲍彪在评论这件事情时说："人生在世不可不知人，也不可轻易被人知。严仲子就是因为吃透了聂政的性格，所以才能复仇得手。真可惜呀！严仲子是一个心胸狭窄的小人，聂政不幸被他看透、赏识，这才死于非命。假使聂政是被那些有大气魄的明主贤相赏识，他的成就恐怕会超出此事万倍。真是悲哀呀！"

第三章　燕国危寄望刺客　易水别荆轲不还

　　荆轲是卫国人。卫国原是魏国的附属国，荆轲在时，它已成为秦国的附属国。

　　荆轲的祖先是齐国人，后来迁徙到卫国，卫国人称荆轲为庆卿。而后他到了燕国，燕国人称荆轲为荆卿。"卿"是古代对男子的美称。

　　荆轲喜欢读书和击剑。他曾经向卫元君进言，可没被采纳。他当时是想投身政治的。

　　荆轲曾经到榆次游历，与剑客盖聂切磋武艺。盖聂怒目而视，荆轲便离去了。有人劝说盖聂把荆轲找回来，盖聂说："刚才我和他讨论剑术，他的理念不对，我就瞪着他。你们到他的落脚地去看看，他肯定走了，不敢留在此地了。"有人到旅店察看，发现荆轲果然已经收拾行装离开榆次了。

　　荆轲游历到邯郸，和鲁勾践下棋，两人发生了争执。鲁勾践呵斥荆轲，荆轲默默离去，不再跟鲁勾践见面。

刺客列传

◎荆轲传记中的16对人际关系

关系	类型	描述
荆轲 与 盖聂	同行	荆轲与盖聂论剑
荆轲 与 鲁勾践	棋友	荆轲不与之争输赢
荆轲 与 高渐离	知己	两人击筑斗酒，称心快意
荆轲 与 田光	朋友	田光向太子丹推荐荆轲
荆轲 与 太子丹	君臣	礼物送得太猛，盛情难却
荆轲 与 樊於期	战友	荆轲向樊於期借人头作礼物
荆轲 与 秦舞阳	队友	未经磨合了解，仓促组合
荆轲 与 知情人	同阵线	众人易水送别
荆轲 与 蒙嘉	势利交	荆轲利用蒙嘉疏通门路
荆轲 与 秦王	敌对	图穷匕见，荆轲欲刺秦王
荆轲 与 夏无且	敌对	夏无且急中生智击荆轲
太子丹 与 秦王	敌对	秦王扣留太子丹不让回国，国恨私仇叠加
太子丹 与 鞠武	师生	鞠武不赞成太子丹的想法，但依然为其出谋划策
太子丹 与 李信	敌对	李信夺命追魂，太子丹东躲西藏
田光 与 鞠武	同阵线	鞠武向太子丹推荐田光
高渐离 与 秦王	敌对	高渐离继承荆轲遗愿刺秦王

第三章　燕国危寄望刺客　易水别荆轲不还

这些事情说明荆轲能忍让。

荆轲到了燕国，和一个善于击筑（古代一种打击乐器）的杀狗屠夫高渐离（一般说"屠狗者"就是指高渐离，代指不得志的隐居市井之中的豪侠义士）成为莫逆之交。荆轲嗜酒，整天和高渐离及其同行在街市上饮酒。酒喝得畅快时，高渐离击筑，荆轲和着节拍在街市上唱歌。感伤时，两人相对而泣，旁若无人（成语"旁若无人"之源），表情自然，没有丝毫做作，纯粹是真情流露。

荆轲虽然和酒徒混在一起，酗酒高歌，放浪形骸，但其为人却深沉有谋，并且他喜爱读书。他走到哪里，都会结交豪杰。

荆轲到了燕国，就和燕国德高望重的隐士田光建立了友谊。田光知道荆轲不是一般人。

过了不久，作为人质的燕国太子丹从秦国逃了回来。太子丹曾经留在赵国做人质，而秦始皇的父亲子楚也曾经在赵国做人质。子楚在吕不韦的帮助下才回国复位。秦始皇也出生在赵国，与太子丹要好。

等到秦始皇继位以后，太子丹又被派往秦国做人质，而秦始皇对这位少时的玩伴很不友好。太子丹请求回国，秦始皇说回国可以，除非"天雨粟（天上下粮食），马生角"，摆明了就是不放他走。太子丹怨恨秦始皇，就逃回了燕国。

回国后，太子丹寻找报复秦始皇的办法，可燕国弱小，力量不足。这时，秦始皇加紧了东侵的脚步，都快打到燕国的边境了。当时，燕国是太子丹的父亲燕王喜执政，燕王喜是燕国的末代君王。

燕国君臣看到这种情形心急如焚，太子丹更是急火攻心。他问自己的老师鞠武该怎么办。鞠武说："秦国不断威胁韩、赵、魏。秦国人口众多，士卒精悍，若是秦人动了攻击燕国的心思，那我们可就卧不安席了。您怎么能只因受了一点屈辱，就公然惹恼秦王呢？"太子丹说："事已至此，追悔无益，我们该怎么对付呢？"鞠武说："容我进一步考虑考虑。"

又过了一段时间，秦将樊於期因为得罪了秦始皇，逃到燕国（《史记》上没说他为什么得罪秦始皇。可能在秦国时太子丹和他交情不浅，所以接纳了他）避祸，太子丹收留了他。鞠武劝道："您不能这样做。秦王极其残暴，对燕国又有旧怨，这已经够让人受的了，您还收留他的仇敌樊於期？这好比把肉扔在饿虎出没的路上，自引灾祸。若激起秦王的愤怒，燕国就无药可救了，即使有管仲、晏子那样的能人，也无计可施。希望您把樊於期送往匈奴以消除秦王进攻的借口，然后再与其他几国结交，作为强援，这样才有办法对付秦国。"鞠武其实是胆小怕事，想一推了之，不过理由很冠冕堂皇。

太子丹说："老师的计谋，难以短期奏效，若迁延时日，没坚持多久，国家就会灭亡。靠外人是不行的，必须自己想办法。不仅如此，樊於期只因走投无路才找我，我不能因惧怕强秦，就抛弃穷途末路的贫贱之交，把他驱赶到匈奴去。希望您再想别的办法。"鞠武道："已经危急再想求安，已经有祸再想求福，已经结怨再想消除，这都是难于登天呀！您感情用事，接纳樊於期，无视国家的危亡，这是在加速灾祸的发生呀！把羽毛放在正燃烧的火炉上，顷刻间就会灰飞烟灭。像鹰鸷（zhì）一样凶猛的秦国，若是因为樊於期而要发泄对燕国的愤怒，这就是我们的'火炉'呀！这种危险不是显而易见的吗？燕国有一位田光先生，为人机智沉着，能深谋远虑，不妨找他谋划一下。"太子丹说："那我希望老师介绍我和田光先生见面，可以吗？"鞠武说："没问题。"

鞠武去见田光，对田光说："太子想向您请教国家大事。"田光说：

第三章 燕国危寄望刺客 易水别荆轲不还

"请教不敢当,我会尽力而为。"

于是,田光登门去见太子丹。太子丹赶忙出门迎接,自己倒退着走,为田光引路(这是隆重的礼节)。进屋后,太子丹又亲自为田光拂拭座席,态度极其谦恭。

双方坐定,左右无人。太子丹离开自己的座席,恭恭敬敬地问道:"如今燕、秦势不两立,希望先生留意,想办法为国出力。"田光说:"千里马在强壮时,一日千里,等它年纪大了,连劣马都跑不过。如今太子只听说过我年轻时的状况,不知我现在已老了。尽管如此,我也不敢推托。我认识的荆轲倒是可以差遣。"太子丹说:"那我想通过先生结交荆轲,可以吗?"田光说:"没问题。"于是田光起身要走,太子丹送他到门口,嘱咐道:"我们所谈的都是国家机密,愿先生守口如瓶。"田光低头答着:"没问题。"

田光佝偻(gōu lóu)着腰,找到荆轲说:"我田光和您交好,燕国无人不知、无人不晓。太子丹只知我年轻时颇有点勇气谋略,可您看我现在老态龙钟的样子,做事心有余而力不足。他告诉我燕国危急,让我想办法。我没把您当外人,就向他推荐了您。希望您去拜访太子。"荆轲说:"我听从您的指教。"田光说:"我听说忠厚的长者做事,光明磊落,不能让人怀疑。如今太子告诫我说,我们谈的是国家大事,希望先生不要泄露,这是太子对我有疑虑呀!做事让人心怀疑虑,不是有节操、讲义气的人。"他想用自杀来激励荆轲,说:"希望您立即拜访太子,就说我田光为了保守秘密,已自杀了。"田光说完自刎而死。

田光自杀激励荆轲和侯嬴自杀激励信陵君是一样的道理。

荆轲于是拜见太子丹,告诉他田光已死,并把遗言转述给他。太子丹冲田光自杀的方向拜了两拜,跪在地上用膝盖爬行,失声痛哭。很久，他才说："我之所以要嘱咐田先生，只是想提醒他一下，做大事前必须严守秘密。疑人不用，用人不疑，我怎么敢怀疑他呢？如今他以死明志，这不是我的本意呀！"

荆轲坐定，太子丹叩头说："田先生不知我没出息，把我引见给您，让我说出心里话，这恐怕是上苍可怜我们燕国，不想抛弃我们的子民。如今秦王贪得无厌，不吞并天下绝不会善罢甘休。秦王已吞并韩国，又派王翦与众秦将兵分多路攻击赵国。若赵国再投降，燕国西南屏障尽被拆除，整个燕国将裸露在秦国兵锋之下。燕国国小力弱，多次被困扰，举全国之力也无法抵挡秦军。其他国家又都惧服秦国，不敢联合起来抵抗秦国。我们不会有外援了。我私下盘算，若能得到勇士的辅佐出使秦国，再以重利引诱，秦王贪婪，肯定会接见使者。假如能像曹沫劫持齐桓公那样，让秦王把侵占他国的土地返还最好。倘若不行，那就刺死他。秦将统兵在外而国内大乱，他们必定会无所适从。诸侯趁机联合，必能攻破秦国。这是我单方面的想法，不知把刺杀秦王的事情交给谁去办合适，希望您留意一下。"过了好一会儿，荆轲说："这是国家重责，我能力不足，恐怕难以胜任。"太子丹进前叩首，坚持请求，荆轲这才答应下来。

于是，太子丹尊荆轲为上卿，让他住上等宾馆。太子丹每天都去拜访，隔不多长时间，就进献了大量珍品、异物、车骑、美女，让荆轲随心所欲，以讨他的欢心。

过了很久，荆轲都没有动身的意思。

这时，王翦已经俘虏了赵王迁，占领了赵国土地，并且继续向东北推进。燕国已大兵压境了（燕、秦之间隔着赵国）。太子丹恐惧，向荆轲请求说："秦兵马上就要渡过易水了，我虽想长久地侍奉足下，但也不

第三章　燕国危寄望刺客　易水别荆轲不还

能够了。"荆轲说："就是您不说，我也想找您谈了。我出使秦国若没有信物，秦王怎会让我接近？樊於期将军是秦王的切齿仇人，秦王悬赏千金要樊将军的命，如果我能把樊将军首级和燕国富庶的督亢（地跨涿州、固安及高碑店的新城。另一说指首尾、疆界之意）地区奉献给秦王，他肯定会很高兴地接见我，那样我才有刺杀秦王、向您报效的机会。"太子丹说："樊将军在穷途末路之时投奔我，我不忍心因为自己的私事而伤害他，您再想想别的办法。"

荆轲知道太子丹不忍心，就私下去见樊於期，说："秦王对待您可真够残酷的了，父母宗族都被杀尽，如今听说他又花重金要得到您的首级。您打算怎么办呢？"樊於期双眼流泪，仰天叹息道："我每当想起这事就痛入骨髓，恨不得生吃他的肉，可是我实在想不出报复的办法来。"荆轲说："我想说一条既可以解除燕国祸患又可以报将军杀父之仇的计策，您想听吗？"樊於期精神一振，上前问道："用什么办法呢？"荆轲说："我想要得到您的头，这样秦王肯定会接见我。到时我左手把住其衣袖，右手刺其胸，那样将军的仇可报，燕国的祸可解，不知您同意否？"樊於期袒露出一只肩膀，用另一只手握住那只手腕（当时人起誓言、表决心的样子），果决地说："我之所以痛心疾首，就是因为身负血海深仇却又一筹莫展。今天我茅塞顿开，死而无憾了。"于是樊於期自杀了。

太子丹听说后，赶忙过来，伏尸而哭，极其哀伤。然而，人死不能复生，已无法挽回了。于是，太子丹用木匣子把樊於期的首级装起来。太子丹又寻求天下最锋利的匕首，用了百金买得一把铸剑名家徐夫人打造的匕首，命工匠把毒药浸染在匕首上，拿来试验，见血封喉。于是太子丹把匕首装好，准备派遣荆轲入秦行刺。

刺客列传

　　燕国有个勇士叫秦舞阳（燕国名将秦开的孙子。秦开曾多次挫败过东胡对燕国的侵犯），十三岁就杀过人，一般人都不敢正视他，太子丹令他做荆轲的助手。

　　荆轲不看好秦舞阳，他在等待一个故人。可那人离得远，等了很久还没来，但荆轲早已为那人打点好行装，准备那人一来就出发。

　　过了一阵子，看到荆轲还没上路，太子丹以为他故意拖延，怕他反悔，就又请求说："时日无多了，您还有别的想法吗？若没有，我派秦舞阳做您的助手，赶紧出发吧。"荆轲认为太子丹是在侮辱自己，发怒了，呵斥道："您这么催促我是什么意思呢？我的出使目的是劫持秦王，和他订立盟约，要他返还诸侯土地，然后我全身而退。我并不是简单地和他拼命、同归于尽。若是有去无回，那就是笨蛋小子。我只带着一把匕首深入龙潭虎穴，要想成功，必须谋划好各个细节。我之所以逗

◎荆轲刺秦王软硬件配置包

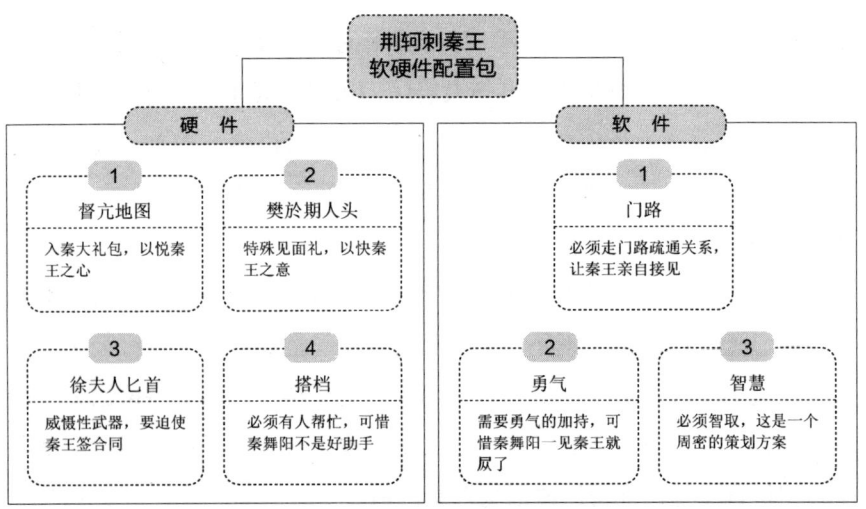

第三章　燕国危寄望刺客　易水别荆轲不还

留至今，是为了等待我那个朋友，只有他才能真正帮得上我。如今您嫌我迟误，那我就此告辞了吧。"于是，荆轲一行出发了。

太子丹以及知晓这次任务的人，都穿着白色衣帽为荆轲送行，他们都知道这是生离死别。

到了易水边，他们祭祀路神祈求平安，高渐离击筑，荆轲和歌，唱道："风萧萧兮易水寒，壮士一去兮不复还。"歌声悲壮苍凉，送行的人都低声悲泣，怒发冲冠。荆轲上车离去，义无反顾。至此，他已不能坚信能活着回来，一切只能尽人事听天命了。

骆宾王有诗《于易水送人》："此地别燕丹，壮士发冲冠。昔时人已没，今日水犹寒。"

陶渊明有诗《咏荆轲》："惜哉剑术疏，奇功遂不成。其人虽已没，千载有余情。"

这二人的惋惜之情、知己之意，溢于言表。

第四章　抛生死图穷匕见　致命击始皇惊心

　　到了秦国，荆轲拿出千金贿赂秦始皇的宠臣蒙嘉。蒙嘉替他们向秦始皇请示说："燕王早已被您吓破了胆，不敢顽抗了。他愿意投降，只保留祖宗祭祀即可，还按时交纳贡赋。由于恐惧，他不敢当面请求，特意砍下樊於期的头，又献出督亢的地图，装好了，在朝廷上举行了隆重的仪式，派使者来敬献。希望您指示他们怎么做。"秦始皇听后十分高兴，用盛大的礼仪在咸阳宫接见燕国使者荆轲。

　　荆轲拿着装有樊於期首级的匣子在前，秦舞阳捧着督亢地图紧随其后。到了台阶下，秦舞阳被眼前这庄严肃穆、恢宏阔大的气势震慑住了，不禁变了脸色。秦国群臣都感到很奇怪。荆轲回头冲秦舞阳一笑，上前向秦始皇谢罪道："他是一个没见过世面的鄙陋之人，从未见过天子，这才被您的气势所威慑住了。希望您能体谅一下，不要责怪他。让我来完成出使任务吧。"秦始皇对荆轲说："让他待在殿下，你把地图献上来吧。"

第四章　抛生死图穷匕见　致命击始皇惊心

荆轲拿着地图进献上去，为秦始皇慢慢展开地图。地图展开以后，秦始皇大惊失色——一把匕首赫然显现在秦始皇眼前。荆轲左手拉住秦始皇的衣袖，右手抓起匕首就刺。秦始皇大惊，挣断衣袖，起身逃跑。他想拔剑，可剑身太长，仓促间难以拔出。荆轲在后紧紧追赶，秦始皇绕着殿柱躲避。大臣们被眼前的情景吓坏了，谁也没想到有这种意外，都乱了套。按照秦国法令，大臣进殿不得拿任何兵器，而且拿兵器的近侍人员都要留在殿外，没有命令，不得进来。情况这么危急，这时哪能发布命令？因此，荆轲得以追逐秦始皇。在仓促之间，大臣们没什么趁手的兵器，只好上前一同用手与荆轲厮打。当时，御医夏无且（jū）拼命用药囊击打荆轲。秦始皇绕柱奔走，非常着急，不知怎办好。有人反应过来，喊道："您把剑推到背后再拔。"秦始皇把剑推到背后才拔出宝剑，攻击荆轲，砍断了他的左腿。荆轲瘫倒，把匕首投刺向秦始皇，可惜未中，只击打到铜柱。秦始皇再次挥剑，一连击伤了荆轲八处。荆轲知道事情失败了，倚着柱子，叉开双腿，笑骂道："事情之所以失败，是因为我想活捉你，逼你写下契约来回报太子丹呀！"左右上前杀死了荆轲。那个自恃勇敢的秦舞阳早已失去抵抗能力，也被诛杀了。

秦始皇心悸了很久，事后赏了有功人员，特意赏了御医夏无且黄金二百镒，说："无且爱护我，这才死力用药囊击打荆轲呀！"秦始皇诛杀了那个引见荆轲的蒙嘉。

成语"图穷匕见"、典故"荆轲刺秦王"源于这段故事。

据说太子丹刚和荆轲相交时，送的礼物都是无法推却的。荆轲无意中说起千里马的肝好吃，说过就忘了，可他在吃饭时发现太子丹竟然杀掉了自己的千里马，把马肝端了上来。荆轲夸奖一个舞女的手漂亮，一会儿的工夫，就有人送来了那双美人手。太子丹送的礼物只能接受，因

刺客列传

为马已死、人已废,再有灵丹妙药也难以复原了。

这种人情是最可怕的,让人无法推辞。平常人也会遇到类似的情况。比如,常见中国人劝酒,端起酒杯说,瞧得起我就干杯,我先干为敬。他一口把酒喝了,你喝还是不喝?不喝就是瞧不起他,喝了就是自己遭罪。

秦舞阳不是一个有大见识的人,也算不得勇士。他一见到秦始皇的威势就吓破了胆,算什么勇士?尽管他杀过几个人,但恐怕他杀的都是弱小的人。真正的勇士是敢于挑战强权的。若是荆轲等到了自己的得力助手,两个人对付秦始皇,历史恐怕就要改写了。秦始皇统一六国是大势所趋,但不等于燕国只能束手就缚。

秦始皇被这次袭击事件惹怒了,命令王翦全力进攻,于当年十月攻破燕国都城蓟城(今北京。蓟,jì)。燕王喜、太子丹率领精锐向东北撤退。秦将李信(汉代"飞将军"李广的祖先)率部穷追不舍。

这时,原赵国公子,赵亡后逃至代地自立为王的公子嘉给燕王喜写信说:"秦军之所以追击得这么急迫,是因为要捉拿太子丹。您若把太子丹杀死,把他的首级献给秦王,秦王必定撤兵,那样燕国就可以保住社稷了。"他写此信,原因不详。有一种可能,他想让燕王喜舍车保帅,保住燕国残余力量,也算是反秦阵营中多了一支武装力量。可出此主意并不高明。他与燕王喜是一个水平的人。

后来,李信追击太子丹,太子丹躲在衍水(今辽宁境内,《史记注译》认为在辽阳东。这条河的名字历经变迁,最后定名为"太子河"。这里可能有后人的讹传与附会)。燕王喜斩杀了太子丹,把他的头献给了秦始皇,但秦军仍然没有停止进攻。

五年之后,秦灭掉燕,俘虏了燕王喜。

第四章　抛生死图穷匕见　致命击始皇惊心

公元前 221 年，秦始皇统一六国后，开始追捕太子丹和荆轲逃亡在外的宾客与朋友。

高渐离变更姓名，隐匿在河北为人做伙计，工作异常辛苦。每当听到东家的宾客击筑，他总是流连忘返，常常不自禁地指出其优劣。有人对他的东家说："那个伙计竟然懂音乐，他常常评论别人的优劣。"于是他的东家就把他叫来击筑。击罢，满座称赏，并且赐给他酒喝。高渐离厌倦了这种藏头露尾、暗无天日的生活。他豁出去了，回到寝室，把自己心爱的乐器拿出来，又打扮得衣着光鲜地返回堂上，众人皆惊，赶忙以平礼相待，把他引为上客。高渐离倾注着满腔感情再次击筑，慨叹人生。当他唱起悲怆的和歌时，满座流涕。这种音乐感人肺腑。高渐离被人广为传颂，人们轮流请他做客，都想一睹风采。

后来这事让秦始皇听说了，秦始皇就把高渐离叫来。有人认出了他，说他是荆轲的至交高渐离。秦始皇看他精通音乐，死罪饶过，但活罪难免，就熏瞎了他的双眼，仍然让他击筑。他击筑时，秦始皇也常常陶醉其中。

高渐离逐渐能接近秦始皇了。他把铅灌注在筑里。当他能进一步靠近秦始皇时，他就举筑扑击秦始皇，可惜未中。高渐离被诛杀了。

秦始皇自此再也不接近被吞掉的六国的人了。

当初曾与荆轲论剑的盖聂听说荆轲刺秦王的事件后，慨叹道："哎呀！可惜这么有勇气的人没有在剑术上精益求精！我真是太不知人了。当初我呵斥了他，他认为我不是同道中人。他参悟的恐怕是剑道，而非剑术吧！"

司马迁评论道：世上流传着荆轲刺秦王的故事，其中说到太子丹的命运时，说他好像得到了天命似的。原来，在当时流传着一种说法，说太子丹在秦国当人质时，请求回燕国，结果秦王嬴政说，除非乌鸦的头变白、天上落下谷子、马头长出角来，才允许他回燕国。太子丹于是仰天长叹，结果感动上天，这些事情都变成了现实。秦王不得已，只好放他走。哎呀！流传这样的说法，可太离奇、太夸张了，怎么可能呢？说太子丹得天命的事情不可信。又说荆轲刺伤了秦王，这都不属实。当初公孙季功、董仲舒与用药囊击打荆轲的夏无且有交往，我曾经向董先生学过《公羊春秋》，知道这件事。他们对我说的就像我写的那样。曹沫、专诸、豫让、聂政、荆轲这五人，他们的义举不论成功与失败，出发点都很明确，没有违背自己的志向与良心，也当得起义气二字。他们名垂青史，不是应该的吗？

这些视死如归的人，每一位都智勇双全。他们之所以如此行事，是因为在他们的脑海中写有一个斗大的"义"字。

他们都是真正的勇士。

远交近攻

范雎相秦倾九州,一言立断魏齐头。
世间祸故不可忽,箦中死尸能报仇。
　　　　　　(宋)王安石《范雎》

纷纷倾夺苦多谋,得势还怀失势忧。
丞相不须嗔蔡泽,此时当问老穰侯。
　　　　　　(明)高启《读史二十二首·范雎》

第一章　昭王立魏冉功大　出使齐范雎受辱

本篇文章涉及范雎、蔡泽和虞卿三个人物。在《史记》原文中，有《范雎蔡泽列传》《平原君虞卿列传》，在此笔者把虞卿划入"范蔡传"，因为虞卿命运的重大改变与范雎有关系。

范雎是秦始皇的太爷秦昭王的相国，是秦国"远交近攻"外交政策的实践者，也是本篇的核心人物。他与白起、信陵君、春申君是同时代的人，在叙述其他三人时都会涉及。而在叙述范雎以前，先要讲一下秦国的一个重要人物：秦昭王的舅父穰侯。

先梳理一下秦国君王的继承顺序。若是用不十分严格的标准划分，可以把任用商鞅变法的秦孝公作为"新秦国"的第一任君主。秦孝公的儿子是秦惠文王。秦惠文王在位二十七年。他诛杀了商鞅。张仪在秦惠文王在位期间担任秦相，实施连横政策，破坏了其他六国的统一战线。秦惠文王死后，他的儿子秦武王继位。秦武王是一位体育爱好者，自恃力大，爱好举重。有一次，他和大力士孟说比赛举鼎，因为动作不规

远交近攻

范，或者完全因为逞强，他折断了自己的胫骨，没多久就死了，在位只有三四年。他没有儿子，于是继承人就在他的兄弟中选择。当时，秦昭王在燕国当人质，是搞"胡服骑射"的赵武灵王把他从燕国送回秦国继位成为秦昭王的。秦昭王在位五十六年，是为秦始皇统一六国奠定基础的重要先辈，"长平之战"就是由他的手下大将白起指挥的。秦昭王时代的秦国已有把扩张雄心贯彻下去的实力。秦昭王的儿子与孙子在位时间加起来不过四五年的光景，然后王位就传到了秦始皇手里。秦始皇完成了秦昭王扩张的心愿。秦昭王是当之无愧的时代强人。

秦昭王的母亲是宣太后，她是楚国人，入秦，在宫中职衔为八子，叫芈八子。芈姓是楚国王室的姓，芈八子是楚国王族的女儿，嫁给了秦惠文王（秦武王与秦昭王是同父异母兄弟，其父亲是秦惠文王，爷爷是秦孝公）。宣太后有两个弟弟：其一是同母异父的大弟弟魏冉，就是穰侯（穰侯是爵号，《史记》原著中有《穰侯列传》）；其二是芈戎，就是华阳君。所以，穰侯和华阳君都是秦昭王的母舅。

穰侯非常贤能，在秦惠文王、秦武王时代就已担任官职。等到秦武王去世时，其各个兄弟争夺王位。穰侯能干，力挺秦昭王，秦昭王得以继位。穰侯被任命为将军，守卫秦国都城咸阳。秦昭王继位后声讨和他争夺继承权的兄弟，那些不服气的兄弟都被杀死了。当时，秦昭王的大嫂（秦武王王后）因与那些人有勾结，被放逐到魏国。这些举措威震秦国。就这样，秦昭王的地位得以巩固。当时秦昭王年少，其母亲宣太后亲自理政。这次宫廷政变，应出自宣太后与穰侯之手。后来穰侯又被任命为秦国相国，辅佐秦昭王治理国家。他起用白起，主张向外扩张，为秦昭王以后的扩张大战略奠定了基础。但他能干也有一个副作用，就是排斥他国优秀人才。范雎是从魏国来的，他劝秦昭王采取的第一项措施

第一章 昭王立魏冉功大 出使齐范雎受辱

就是从外戚手里夺回决策权。

叙述穰侯是为了让大家了解当时的时代背景。

◎穰侯魏冉先生的人生小档案

远交近攻

范雎也叫范叔，是魏国人，属于苏秦、张仪之类的纵横家。他曾经周游列国游说诸侯，最后决定还是回到本乡本土去侍奉魏王，可又因一贫如洗、囊中羞涩，一直没能凑足公关费用，心愿没达成，只好先投靠魏国一个叫须贾的大臣，想先安顿下来立住脚，再图进取。这时魏国由魏昭王执政。

再说一下魏国的地理形势。按照不十分严格的说法，魏国东临齐国，南接韩国，西靠秦国，北挨赵国，属于一个四面受敌的国家。

有一次，须贾作为魏昭王的使者向东出使齐国，范雎也随团前往。他们在齐国逗留了几个月，没有向魏昭王通报出使情况。当时齐国执政的是齐襄王（田单侍奉的君王。从魏惠王与齐威王时代到魏昭王与齐襄王时代，已过去多时，接近百年了）。这个齐襄王听说范雎能言善辩，十分仰慕，想要结交他，就派人赏赐范雎十斤黄金和一些牛肉酒食。这本来是正常的交往，可须贾听说这事以后，主观上认为范雎是把魏国的情报出卖给了齐襄王，所以才会收到这些礼物。他的这个判断基本上属于主观主义的。一般来说，有秘密交易的双方很少会这么大张旗鼓，应该是表面上看不出来，甚至十分冷淡或故意制造矛盾。避人耳目还避不过来呢，谁会这样引人注目呢？可须贾就这样认为。当然，也可能齐王有离间之意。须贾让范雎收下牛肉酒食，把黄金退回去。其实按照范雎的本意，他早就想拒绝了，就是想避开瓜田李下的嫌疑。

回国以后，须贾向魏国国相报告了这一情况。魏国国相叫魏齐，是魏国王族的人。他听后大怒，就派门客鞭打范雎，打断其肋骨，打落其牙齿。范雎真是满地找牙。范雎为了活命只得装死。魏齐命人用席子把他卷起来，扔到厕所里。魏齐和宾客开始狂喝痛饮。那些喝醉了的人轮流把小便撒在范雎身上，故意侮辱他以便杀鸡给猴看，警告外交人员出国不要乱讲话。范雎在席子里对看守说："您若能让我逃出去，我一定重谢您。"看守就请求把席子里的"死人"抛出去算了，并说折辱得也够了。当时魏齐喝醉了，就说："那好吧。"范雎于是得以死里逃生。魏齐酒醒了就后悔起来，派人四处寻找范雎。

当时魏国有一个叫郑安平（郑姓的源头之一）的人听说这事后，就找到范雎，和他一起逃跑。逃跑到一隐秘之地，他把范雎藏了起来。范雎为了安全起见，化名张禄。

《史记》上没有交代范雎与郑安平二人的关系。如果郑安平是范雎的朋友，那么他就是一个讲义气的人。如果郑安平是一个机会主义者，那么他就是一个有眼光的人。

第二章　用化名死里求生　定国策远交近攻

　　就在范雎躲避魏齐的追杀期间，秦昭王派使者王稽来魏国公干。藏匿范雎的郑安平乔装打扮成小卒，侍奉王稽（应该是扮成魏国的兵卒，临时充当秦国使臣的警卫员）。彼此熟悉后，王稽问郑安平："魏国有能为秦国效劳的贤人吗？"郑安平说："我的老乡中有位张禄先生，想和您探讨天下大事，可是他有仇家追杀，白天不敢来。"王稽说："晚上让他和您一起来。"

　　郑安平在晚上把化名张禄的范雎带来与王稽相见，他们谈了很久。王稽知道范雎非等闲之辈，对他说："请先生在某地等我，不见不散。"范雎和王稽约好了便秘密离去。

　　这也是秦国强大的一个原因，它广纳人才，就连使者出去办事都不忘四处打听收罗贤者。这秦国要是不强大，就是老天无眼了。

　　王稽办完公事后返回秦国，在约会地点把范雎接走了。进入秦国的湖县时，远远望见有大队车马从西边来，范雎就问："来的人是谁？"

第二章　用化名死里求生　定国策远交近攻

王稽说:"我们的相国、秦王的舅父穰侯(他肯定不会如此表述,是笔者为了说清人物关系才如此表述的)巡察地方来了。"范雎说:"我听说穰侯独揽大权,他十分厌恶从别国来的宾客。这人恐怕会折辱我,我还是藏在车厢里吧。"

过了一会儿,穰侯果然来了。他先与王稽客套一下,接着问道:"现在六国没什么异常行动吧?"王稽说:"没有。"穰侯又问:"您没有私自带一些六国的宾客回来吧?这些人没什么大用,只是靠嘴皮子混饭吃,扰乱国家正常秩序罢了。"王稽连连称是,双方分别。范雎说:"我听说穰侯遇事反应慢,可绝对是一个有智谋的人。他刚才那么问话,就表示已怀疑车中有人,只是忘记搜查了。"于是范雎下车步行,说:"穰侯肯定会后悔的。"

刚走十余里,穰侯果然派骑兵回来搜查,一看车中没人,这才作罢。王稽和范雎终于进入咸阳城了。

王稽汇报完公事,趁机对秦昭王说:"魏国有一位张禄先生,是少有的辩士。他说秦国危如累卵,任用他可以转危为安。然而,由危转安的方法他不能书面传达,只能面谈。我听张禄先生说话能切中时弊,不得不服,这才把他带回秦国。"秦昭王不信范雎有这么大的本事,但还是让他留下来了,只不过招待不周。

范雎在秦昭王三十六年(公元前271年)入秦,秦昭王三十七年(公元前270年)才得到任用。在秦昭王四十一年,他被任命为秦相。

秦昭王有两个舅舅穰侯、华阳君,他还有两个弟弟泾阳君、高陵君(两人都是宣太后所生)。这时穰侯是相国,其他三人轮流当大将,各自都有封地。因为秦昭王母亲宣太后的缘故,这四人基本把持着秦国的军政大权,以至于私人的财产比王室还要多。他们四人被后人称为

远交近攻

"四贵"。

这时穰侯也开始带兵,他想越过韩、魏一直向东进攻齐国,用战功继续扩大自己的领地。

范雎趁着秦国这种情况向秦昭王上书说:"我听说英明的君主确立这样的赏罚原则:有功者必须奖赏,有才者必将任用,功劳大的俸禄高、爵位重,能够治理天下的必然予以重任。因此,无能之辈不能身居要职,真正的人才也不会被埋没,这是很自然的道理。假使您认为我的

◎秦昭王的核心人际关系

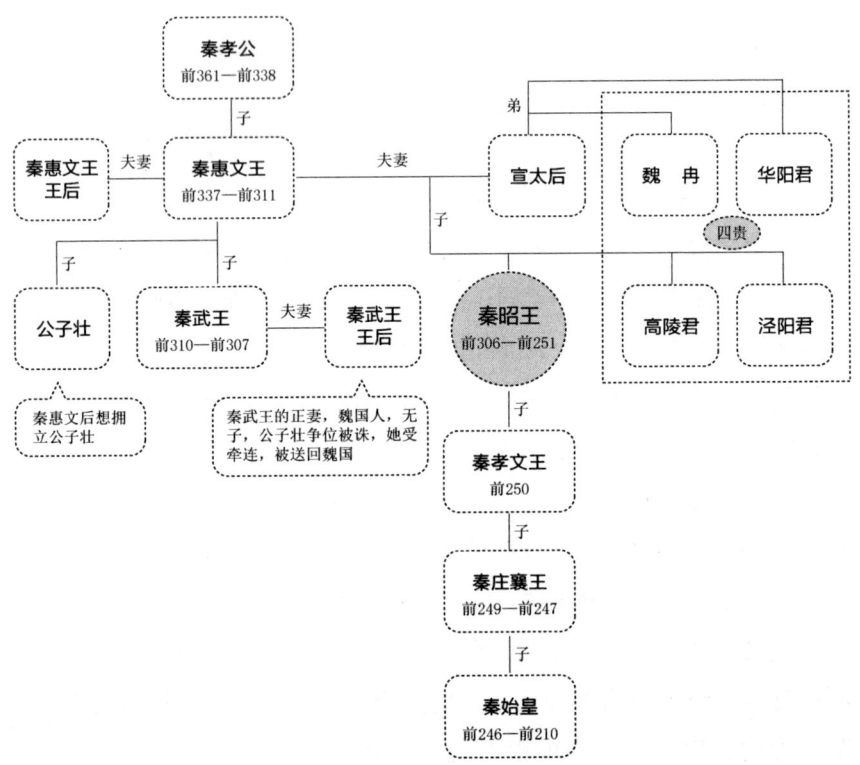

第二章 用化名死里求生 定国策远交近攻

话可采用,希望您实行;如果认为我一无是处,我留在秦国也无益。昏庸的君主,赏罚全凭个人好恶,赏赐逢迎拍马讨自己欢心的人,惩罚刚直不阿敢于指正自己缺点的人,这样下去,朝政如江河日下,很难振作;而英明的君主反其道而行之,一切都以是否有利于国家为标准,忠正廉直的贤士受上赏,奸诡狡诈的小人无处逃匿,让人心服口服。这只是我的一点浅见,不知妥当与否。我听说高明的医生能通过望闻问切判断病人病情的凶吉,圣明的君主能通过种种迹象预知事情的成败。凡事有利则实行,有害则舍弃,没把握就一点点地尝试着做,这些办事方法即使圣人也得遵循。我有心里话,不敢写在书面上,而能写出来的,都是浅薄的见解,怕您没耐心读下去,这让我左右为难。我也十分爱惜自己的生命,我怎么敢在您面前信口胡说呢?难道是因为推荐我的王稽地位卑下,您才认为我不足以相信吗?如果不是这些原因,希望您能在百忙之中抽出点时间,哪怕让我远远地望您一眼也好哇!如果我说的都是无聊的话,我情愿受罚。"秦昭王看信后十分高兴,向举荐人王稽致谢,并派专车去迎接范雎。

就这样,范雎得以在秦宫等候秦昭王。

当时,秦宫中有一个叫永巷(宫中监狱,大多是监押宫女妃嫔等人的,属于宫中禁地。有时也指长巷或后宫)的地方,范雎在等候期间,假装不知永巷是禁地,闯入其中。这时秦昭王来了,宦官发怒驱赶他,说:"秦王来了。"范雎假装糊涂,说:"秦国有秦王吗?秦国只有宣太后和穰侯罢了。"范雎知道现在是宣太后和穰侯专权,他想用这样的话刺激秦昭王。他在与宦官争执的时候,秦昭王也到了,听到了两人的对话。

秦昭王把范雎引入客厅,先表达歉意说:"我早就应该聆听先生的教诲了,但碰上许多棘手的紧急要务,我得不断地请示太后,这才拖延

远交近攻

下来。如今事情处理完了,我赶紧过来接受教导。虽然我本人昏庸无能,但还是能恭敬地听听先生的高见。"秦昭王做出这种姿态,范雎也赶忙辞谢谦让。大臣们看到秦昭王用这种规格接见范雎,也都对范雎肃然起敬。

秦昭王屏退众人,宫中空荡荡的,只剩他们二人。秦昭王恭敬地问道:"先生有何指教?"范雎只是"嗯嗯"作答,想说又不说的样子,秦昭王问了三次都如此。秦昭王问:"先生又不想指教了吗?"范雎说:"我不敢这样放肆。我听说姜子牙刚见到周文王时,只是一个在渭水河边钓鱼的渔夫罢了。这时单论两人交情,可谓疏远至极。后来周文王与他交谈之后,心悦诚服,就把他带了回去,任命他为太师。之所以这样,是因为姜子牙的话说得透彻,说到周文王的心里去了。在姜子牙的倾心辅佐下,周朝拥有了天下。假使周文王当时只因交情浅不跟姜子牙做深入的探讨,周文王与周武王也就无法成就功业了。我是一个旅居秦国的小人物,和您的交情也很疏远,然而我所陈述的都是安邦定国的大事,这些措施势必损害一些既得利益者,我深知疏不间亲的道理。为您尽心竭力恐怕要伤害到您亲戚的权益,而我不知您真实的心意。这就是您连问三次我都不敢回答的原因。不是我心存顾忌,不敢坦诚相告,而是我深深知道,今天我说出这番心里话,明天可能就被弃尸街头。但我不敢回避。您若真能成功实施我的建议,即使被杀、被流放、被摧残肢体,我也无所畏惧,这是我的光荣。人生自古谁无死,死亡是任何人都要面对的。我已经死过一次,如今是劫后余生,自信可以坦然地面对它。我只是担心自己的理想难以实现,若如此,则会遗恨终生。如果说我的话对秦国略有帮助,我就已经很知足了,还怎么会担心自己的生死荣辱呢?当年伍子胥身负杀父之仇,历尽艰险侥幸逃到吴国,无以为

第二章　用化名死里求生　定国策远交近攻

生,只好用膝盖匍匐而行,袒露上身向人磕头,在吴国市井中吹箫乞食,后来终于辅佐吴王阖闾复兴吴国,成为霸主。假使我能像伍子胥一样实现抱负,我又有什么好忧虑的呢?我不愿意成为孤芳自赏、对社会对国家毫无用处、只知为自己沽名钓誉的隐士。如果我的理论对贤明的君主有所帮助,这是我最大的荣耀、精神上最大的满足,身体遭受摧残算什么耻辱呢?我只是担心,天下人看我因为竭尽忠诚反被赐死,都不敢来为秦国献计献策了,这是我最大的顾虑(这话高明极了,极富策略性)。如今您上被太后的威严震慑,下被奸臣的谄媚迷惑,居住在深宫之中,被宦官妇人所围绕,不知民间疾苦,终身被蒙蔽,无法辨别忠正奸邪,大则国家倾覆,小则您自身因为受孤立而险象环生,这也是我的一大忧虑!至于说我自身的生死荣辱,我是不会畏惧的。若是我尽忠死去而秦国因为采用我的主张而安定富强,这样我死得光荣。"

这口才太了不起了。

秦昭王说:"先生这是什么话?秦国偏远,我又十分愚蠢无能,先生能到秦国来,是秦国祖宗显灵,也是我的福分。我能够得以向先生请教,是上天对秦国的眷顾,先生怎么说得这么悲观呢?事情无论大小,上到太后,下至大臣,希望先生知无不言,言无不尽。您不能怀疑我呀。"范雎跪拜,秦昭王也跪拜。秦昭王能给秦始皇统一六国奠定基础,确实不一般。

范雎说:"秦国占尽地利,进可以攻,退可以守,重兵防守函谷关,可谓一夫当关,万夫莫开,这是王者才能享有的便利。秦人不敢私斗,却敢于为国家抛头颅洒热血,这种勇敢无畏的人民是成就王者的坚实基础。您二者兼而有之,凭借秦军的勇猛、秦国实力的强大,对付其他六国就好像驱使良犬去追捕跛脚的野兔一样容易。但秦国为什么没有

远交近攻

实现称霸的大业？因为在群臣之中没有擎天之柱、栋梁之材。秦国有十五年不敢越过函谷关向六国用兵，是因为穰侯为秦国国家利益谋划时不够尽心，而您的策略也有失误。"秦昭王恭敬地说："我想听听自己失算的地方。"这时秦宫中有很多人偷听，范雎也不敢说内政方面的事，因为牵扯的人太厉害，他只说外交政策得失，以此来观察秦昭王的反应与态度。

范雎说："如今穰侯想越过韩、魏去攻打齐国，这是明显的失策。兵派得少无济于事，派多了对秦国有百害而无一利。我想您的算盘恐怕是自己少出点兵，却让韩、魏出动精锐来辅助。这么做可不合情理，韩、魏是不会甘心如此被利用的。而且您也应该知道，您与韩、魏这样的盟国只是'势利交'，无法真正亲密起来。您要越过它们的国土去攻击齐国，有胜算吗？韩、魏的心意深不可测，我认为这样做是军事冒险主义。当年齐国的齐湣王（一度称"东帝"，被燕昭王手下的乐毅打败，并让"滥竽充数"之南郭先生下岗的那个人）进攻南面的楚国，一路高奏凯歌，刚开始时占据了千余里的土地，可最终连一寸土地都没有真正拥有。是齐王不想要吗？不是，是形势使然。齐、楚两地相隔何止千里，齐军千里奔袭，后勤供应不上，当地百姓不是真心归附，时时反抗，所以齐国最终把吞下去的土地又都吐了出来。其他各国看齐国伤了元气，就趁机进攻，大破齐军。齐国士卒受辱，最后归怨于齐王，问是谁出的攻打楚国的主意，齐王说是孟尝君。于是大臣作乱，群起攻击孟尝君，孟尝君被迫逃离了齐国。齐国之所以大败，是因为讨伐楚国让韩、魏渔人得利。如今秦国攻打齐国与齐国攻打楚国的情况类似，这就好比借兵器与粮食给盗贼，不是太愚蠢了吗？您不如远交近攻，这样得一寸是一寸，得一尺是一尺，都是自己可以完全掌控的。如今舍近求远，不是太荒谬

第二章 用化名死里求生 定国策远交近攻

了吗？您现在应该稳定韩、魏，因为它们是天下的中枢，您若控制住了这一区域，肯定会称霸天下。"秦昭王说："我一直想和魏国亲近，可魏国反复无常，我无法亲近，请问有什么方法吗？"范雎说："将欲取之，必先予之。您先用谦恭的言辞、丰厚的礼物去侍奉它，不行的话，

◎ "四贵"的情况梳理（高陵君与泾阳君的"名"有争议）

		穰侯	华阳君	高陵君	泾阳君
1	姓	魏	芈	嬴	嬴
2	名	冉	戎	显 据《史记·索隐》	悝 据《史记·索隐》
3	常用称呼	魏冉	不详	公子显	公子悝
4	封号	穰侯	华阳君 新城君	高陵君	泾阳君
5	与宣太后关系	宣异父同母弟	宣同父弟	宣之子	宣之子
6	与秦昭王关系	秦昭王之舅	秦昭王之舅	秦昭王同母弟	秦昭王同母弟
7	封地	穰（今河南邓州） 陶（今山东定陶）	不详	彭（今湖北房县）	宛（今河南南阳）
8	秦昭王四十一年（前266）	被罢相，范雎为相	曾任左丞相，被削夺	被排挤	被排挤
9	秦昭王四十二年（前265）	被遣赴封邑	被遣赴封邑	被遣赴封邑	被遣赴封邑
10	死亡年份	不详，死于封邑陶	秦昭王四十五年（前262）	不详	秦昭王四十五年（前262）
11	功绩简述	功大于过 私家富过王室	功绩不详 私家富过王室	功绩不详 私家富过王室	功绩不详 私家富过王室

远交近攻

宁可割让土地贿赂它，再不行的话，就出兵讨伐它。"秦昭王说："我全听您的。"于是秦昭王任命范雎做客卿，谋划军事进攻事宜，两年后就得到两块魏国土地。这是秦国鲸吞政策之前的蚕食政策。

范雎又劝秦昭王说："秦国东面紧挨韩国，两国犬牙交错，韩国的存在对于秦国来说，就好像树木有蛀虫、人有心腹疾患一样。秦国没有危急也就算了，一旦有什么变化，韩国肯定是最近最大的祸患，您不如收服了韩国。"秦昭王说："我也早有此心，可韩国不服从怎么办呢？"范雎说："韩国不听命是因为您还没有给它致命的攻击。您兵分三路，把韩国分成三部分，各个击破，让它首尾不能呼应，只能坐以待毙。如果韩国降服，则霸业可成。"于是秦昭王使用胡萝卜加大棒的政策收服了韩国。

范雎的"远交近攻"战略是相当对头的。"远交近攻"这个成语也源于此。

第三章　强公室堵塞私门　念旧情绨袍之义

范雎被任用了几年，更加得到信任，就趁机对秦王说："我在魏国之时，只听说齐国有孟尝君，不知道齐王是何许人；只听说秦国有宣太后、穰侯、华阳君、高陵君和泾阳君，没听说秦国有秦王。能大权独揽才叫'王'，能兴利除害才叫'王'，能掌握人生死才叫'王'，若是名不副实，空有'王'的名号又有什么用呢？如今宣太后独断专行，从不请示；穰侯任意出使，从不汇报；华阳君、泾阳君擅自用刑，从不顾忌；高陵君任免官员，从不申请，在这四支权贵力量的控制下，政治、外交、司法、人事一片混乱，这样秦国怎能不危亡呢？您受这四支力量支配，国王的权力不是被架空了吗？这样的话不是大权旁落吗？我听说善于治理国家的君王，对内巩固权力，对外重视威势。如今穰侯出使时，假借您的威权发号施令，狐假虎威，别人都对他俯首听命。战胜了，胜利的果实归他自己所有，战败了，后果由百姓和国家承担。《诗经》上说，果实太多就会压断树枝，树枝断了就会伤害树干（原文：木

远交近攻

实繁者披其枝,披其枝者伤其心。大其都者危其国,尊其臣者卑其主)。如今宣太后、穰侯等人早已妨碍了您行使威权,尾大不掉。而且反观历史,那些末代君王之所以亡国亡身,就在于君王把大权完全授予臣下,自己纵情享乐、斗鸡走狗、不理朝政,被授权的那些人嫉妒贤能、欺压良善、瞒天过海、自私自利,根本不为国家着想,而君主又不觉悟,醉生梦死,结果亡了国。如今满朝文武,甚至您的左右侍从,全都是穰侯的人,您其实很孤立。我真替您担心,您百年之后(指去世后),我怕秦国都不是您的子孙拥有了。"秦昭王听到这话十分害怕,说:"好。"于是秦昭王把自己母亲宣太后手中的权力剥夺了,把两个舅舅穰侯、华阳君,两个弟弟高陵君、泾阳君驱逐出咸阳,把穰侯的相印收回了,拜范雎为相。秦昭王让穰侯回到自己的领地去。穰侯搬家时,车子有一千多辆。到了关口,守关官吏检查行李时,发现穰侯的宝贝珍玩比王室还多。秦昭王又把"应"作为范雎的领地,所以范雎也称为"应侯"。

这时是秦昭王四十一年。范雎投归秦国已有五年时间了。这五年的奋斗让他当了秦相。当时,秦人都称他张禄。

魏国人不知道这个张禄就是曾经备受侮辱的范雎,以为他早就死了。后来,魏国听说秦国又想攻打韩、魏两国,魏国就派范雎原来的主人须贾出使秦国,想通过积极的外交化解危机。

范雎听说须贾来到了秦国,就穿着破旧的衣服偷偷地进入须贾下榻的宾馆。须贾见到他后大惊,说:"范雎原来没死啊!"范雎说:"是的。"须贾笑着说:"范先生也在秦国,难道是想游说秦王吗?"范雎说:"不是。我范雎以前得罪过贵国魏齐国相,所以逃难至此,还怎敢再去游说谁呢?"须贾问:"那你现在从事什么工作?"范雎说:"我给别人打工谋生。"须贾心生怜意,看他如此落魄,也有一丝惭愧,就留

第三章　强公室堵塞私门　念旧情绨袍之义

他吃饭，说："谁曾想你竟贫寒到如此地步。"又取了一件绨袍赠送给他。须贾问："你了解秦国的相国张禄先生吗？我听说张相国很得秦王宠幸，秦王对他言听计从，国家大事都由他做决断。我这次出使能不能达到目的，都取决于他。你小子可有朋友能在张相国面前说上话吗？"须贾瞧不起他，根本没抱希望。可是范雎的回答出人意料。他说："我的雇主和张相国挺熟，就连我都能当面见到他。我范雎愿意向张相国引见您。"须贾说："那可太谢谢了。只是我的马病了，车轴断了，若没有四匹马拉的豪华马车，我绝不出门。"范雎说："这是小事一桩，我向我的雇主给您借一套。"

范雎回到自己的相府赶来一辆豪华马车，亲自给须贾驾车，进入自己的相府。范雎事先肯定叮嘱过了，相府里的人都没当面说破，还纷纷回避。须贾觉得好奇怪。到了内府门口，范雎说："您等一下，我进去向张相国通报。"须贾在门口等了很久，也没见范雎出来，就问门卫说："范雎怎么还不出来呢？"门卫说："这里没范雎这个人。"须贾说："怎么没有？就是和我一道来的那个人。"门卫说："那是我们张相国。"须贾大惊，知道被骗了，于是袒露上身，用膝盖前行，请门卫进去转达自己谢罪求情的意思。这时范雎带了大量随从，坐在富丽堂皇的大堂上接见须贾。须贾叩头口称死罪，说："我须贾没想到您已平步青云了。我有眼无珠，枉读了那么多年的诗书，我今后再也不敢参与天下政事了。我须贾犯有应该被烹杀的死罪，请把我流放到偏远地区，是生是死由您做主。"范雎说："你有几条罪状？"须贾说："罪孽深重，无法列举。"范雎说："你仅有三条罪状罢了。当年楚昭王在位时，楚国都城郢被伍子胥、孙子率领的吴国军队攻破。楚国大臣申包胥在秦国朝廷哭了七天七夜（申包胥哭秦廷），这才感动秦国出兵击退吴军。事后楚王要赏给申

远交近攻

包胥五千户的领地,可他坚辞不受,因为他认为他的祖坟也在楚国,这么做是分内之事。我范雎的祖坟在魏国,我也是魏国人,我也有爱国心呀!可那次我陪你出使齐国时,你怎能凭主观臆断,坚信我私通齐国,回来后又在国相魏齐面前说我的坏话?先不说我也有敬奉祖宗的心意,不敢侮辱祖宗,我们就事论事,有谁做出通敌卖国的事却要人都知晓的?有眼无珠,恶人先告状,这是你的第一条罪状。后来魏齐命人使劲鞭打我,打断我的肋骨,打落我的牙齿,这也就算了,可他又把我扔到厕所里继续侮辱我。你在那时不念旧情,没有劝阻,这是你的第二条罪状。把我扔到厕所里也行,可你们又都往我身上撒尿。对人的侮辱怎么这么过分呢?你熟视无睹、视而不见,你怎么这么狠心呢?这是你的第三条罪状。然而你之所以没有死,是因为赠我绨袍,还显示你有故旧之情(典故"绨袍之义"),所以我放过你。"须贾无话可说,谢恩告辞。范雎进宫把这事告诉了秦昭王,然后让须贾回去。

须贾的出使计划泡汤了,只得向范雎辞行。范雎大摆筵席,又请各国驻秦大使都来赴宴。这些人和范雎坐在大堂上,酒席丰盛。范雎让须贾坐在堂下,把一盆喂牛喂马的饲料摆在他面前,让两个脸上被刻字的刑徒(黥刑)一左一右夹着他,像喂马一样伺候他吃饭。这样的饭怎能吃得下去?范雎数落他说:"你代我向魏王捎个信,赶快把你们国相魏齐的头拿来。不然,我就要屠灭你们都城大梁。"须贾抱头鼠窜,回到魏国,把这些事说给魏齐听。

魏齐十分恐惧,就立刻离开魏国,向北逃到了赵国平原君家里,躲藏起来了。

第四章　抓魏齐冤冤相报　受株连应侯势危

秦昭王听说魏齐躲到了平原君那里，他想为范雎报仇，就虚情假意地给平原君写了一封信说："我听说您有高尚的情操，十分仰慕，我真希望和您像平民百姓那样坦诚地结为朋友。如果您有空到秦国来，我愿意与您连饮十天（典故"十日饮"之源），把酒话友情。"

平原君害怕秦国，心想对方释放这样的善意，自己不能不给面子，而且他也认同秦王的观点，就决定去秦国会见秦昭王。

到秦国后，一连喝了几天酒，宾主关系融洽。秦昭王说："当年，周文王得到姜子牙，把他奉为太公；齐桓公得到管仲，把他称为仲父。如今，我得到范雎先生，也把他视为长辈。他的仇人就是我的仇人。我听说魏齐现在躲在您的家里，希望您派人把他的头取来。否则，我不放您回去。"平原君说："人即使富贵了，也不能忘记贫贱之交。魏齐是我赵胜的朋友，在我家里，我肯定不会交出来。但现在的问题是，他不在我家里。"秦昭王于是给赵孝成王写信道："您的叔父（《史记》原文作

远交近攻

"王之弟",搞错了。赵孝成王是任用赵括的那个人)在秦国,而范先生的仇家魏齐躲藏在平原君家,您赶快派人把魏齐的头送来,不然我起兵伐赵,并且不放平原君回国。"赵孝成王害怕,就派兵包围了平原君府宅,追索得很急。

魏齐趁着夜色逃到了赵国国相虞卿(长平之战的重要参与者)的家里。虞卿琢磨着现在赵王肯定听不进自己的劝谏,就解下相印,和魏齐一起抄小路逃亡。他们想逃到别的国家,可一时难以办到,就又折回魏国大梁,想通过信陵君的门路逃往南面的楚国。

信陵君听说他们想求自己办这种事,怕得罪秦国,犹犹豫豫,不肯接见他们。他问:"虞卿是一个什么样的人呢?"侯嬴说:"有自知之明很难,要想认识别人也不容易。虞卿当年穿着草鞋子(jié)然一身去见赵王,第一次见面就被赏赐黄金璧玉无数,第二次见面就被拜为上卿,第三次见面就被授以国相重任,封为万户侯,这在当时十分轰动。魏齐在穷途末路时投奔他,他解下相印,放弃万户侯的爵位,和魏齐一同流亡,这是多么崇高的品行啊!如今他在穷困之时投靠您,您还问'虞卿是一个什么样的人',这是不是过分了?自知与知人真是难事呀!"

魏齐听说信陵君犹豫不决,不想相见,十分愤怒。等信陵君到时,魏齐已自杀身亡了。赵王听说后,与魏国交涉,割下魏齐的头献给了秦国,秦昭王也放了平原君。

虞卿为了朋友魏齐甘愿舍弃荣华富贵,一起逃到魏国,可魏齐愤而自杀了。虞卿十分失落,于是著书立说,鉴古察今,旁征博引,作了《节义》《称号》《揣摩》《政谋》等八篇文章,来讥刺当时国家政策的利弊得失。世人把此书命名为《虞氏春秋》。

五年以后,秦、赵在长平展开决战,战争前的反间计就是由范雎实

第四章　抓魏齐冤冤相报　受株连应侯势危

施的。最后赵括代替廉颇，赵国因而死掉四十多万士卒。

第二年，秦军趁机包围赵国邯郸。大将白起认为战机已失，此时发动邯郸之战是不明智的。他与范雎在战略层面上发生了分歧，也产生了矛盾。后来白起干脆称病不上班了。秦军在前线吃紧，范雎多次登门请求，白起也不答应。于是范雎进谗言，逼迫白起自杀了。

但范雎从此以后逐渐走下坡路了。为什么呢？说来话长。原来，在范雎当上秦相以后，推荐他的王稽前来邀功。范雎对秦昭王说："若是没有王稽对您的忠心，我到不了秦国。若是没有您的贤明，我不会有今天。可是我贵为秦相，而王稽仍然还是一个谒者，这好像于情于理不合。"于是秦昭王任命王稽为郡守，而当初在范雎差点死去时藏匿他的郑安平也被任命为将军。范雎散尽家财，施舍给那些处于困厄景况的人。对自己有一饭之德的，他肯定报答；与自己有睚眦（yá zì）之怨的，他肯定报复。

范雎能够完成报答恩人的心愿，不是很好吗？但问题就出在王稽和郑安平这两人身上。郑安平带兵攻赵，出师不利反而被困。情急之下，他带领两万士卒投降了赵国。按照秦国的法律，一个人举荐另一个人，如果被举荐人犯罪，举荐人也受牵连，量刑的标准则根据被举荐人的罪责大小而定。这次郑安平叛国降敌，按照法律规定，范雎应该被灭三族。这也就是说，王稽当初推荐范雎时冒了一定的风险，如果范雎有过错，王稽要被株连。这就是范雎所说的，自己贵为秦相而王稽没有升迁于情于理不合的原因。在秦国，当伯乐是风险与机遇并存的。

范雎坐在草席上请罪，秦昭王赦免了他。秦昭王怕别人的议论伤害到范雎，就下令说："有谁再敢拿'郑安平事件'说事的，就按郑安平的罪责处罚。"并且秦昭王赏赐范雎东西时更加大方，就怕他有什么不舒服。

远交近攻

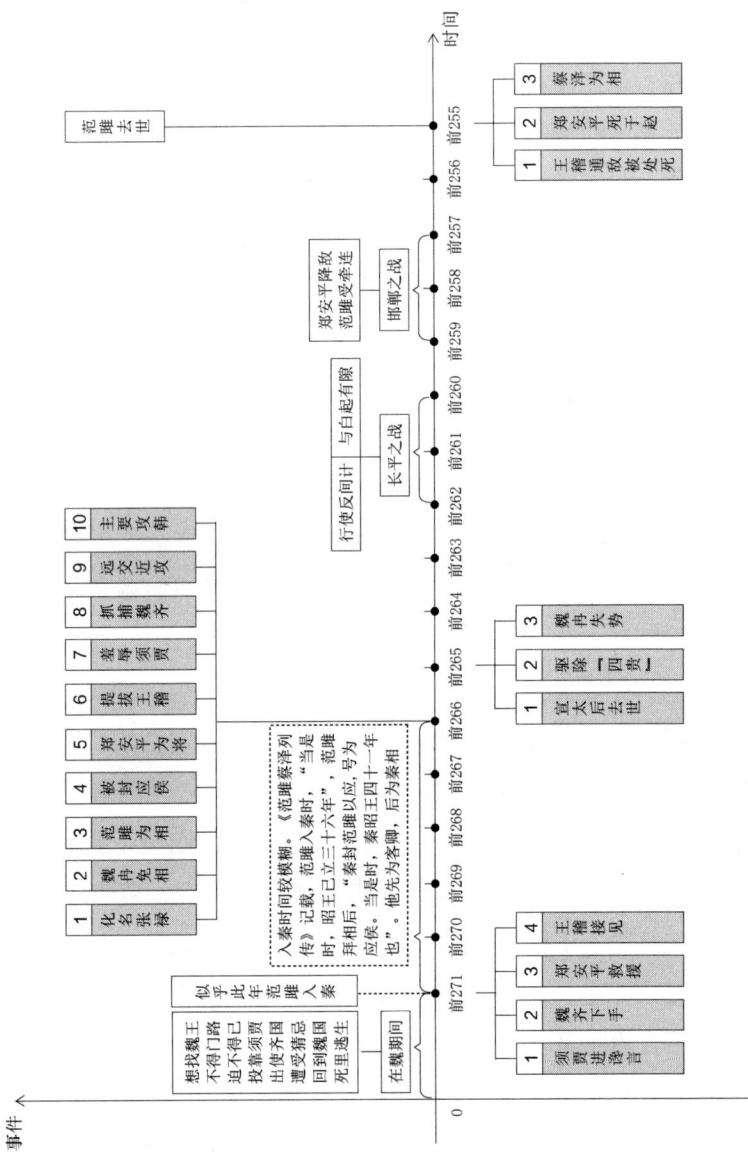

第四章　抓魏齐冤冤相报　受株连应侯势危

这事本来就过去了，谁知两年以后举荐范雎的王稽在做郡守时私通外国，被处死了。王稽能当上郡守是范雎举荐的，这无疑是揭开旧伤疤，又在上面撒了点盐。

秦昭王五十二年（公元前 255 年），王稽在秦、范雎在秦、郑安平在赵相继死去。

话题还得转回来，看看范雎如何化解危机。

有一次秦昭王上班时唉声叹气。范雎说："我听说主忧臣辱，主辱臣死。您今天如此发愁，我向您请罪。"秦昭王说："我听说楚国正在训练士卒，并且制定了长远国策，恐怕他们要对秦国图谋不轨。凡事若不在平时做好准备，就很难应对突发的灾难。现在武安君白起已死，而郑安平等人又叛变，国无良将，外多敌人，我因此发愁。"他想让范雎振作起来。范雎忧惧，知道秦昭王对自己有不满，只是自己现在也没什么办法。

这时，有一个叫蔡泽的辩士西行入秦，想让范雎交出相印。

范雎会那么听话吗？这个蔡泽真有那个本事吗？他是一个什么样的人呢？

第五章　荐蔡泽范雎辞相　展雄才人无遗恨

蔡泽是燕国人，也是苏秦、张仪之类的人物。他也曾周游列国，向各国兜售自己的政治主张，可惜一直没得到赏识。

于是，他就找个叫唐举的人看相。唐举仔细端详一番，笑着说："蔡先生您肩膀耸起，脖子粗短，大脸盘，扫帚眉，朝天鼻，凹鼻梁，罗圈腿，我听说圣人不在乎外表，只注重内在修为，这好像是说先生这种情况吧。"蔡泽知道唐举这是在取笑他，就说："富贵我早晚必取，只是不知年寿如何。"唐举说："您还有四十三年的阳寿。"蔡泽笑着辞谢离去。他对自己的车夫说："享受四十三年的荣华富贵已足够了。"

蔡泽到赵国去游说，遭到驱逐。到了韩、魏去游说，也一无所获。这时他听说秦相范雎举荐的郑安平、王稽都犯了大罪，范雎也受到牵连，尽管没有被追究，可范雎内心惭愧，于是他来到了秦国。

蔡泽想见秦昭王，可惜没有门路。他就故意激怒范雎，扬言道："我是燕国的辩士蔡泽，智慧与美貌并重，是天下威猛、英俊、风雅、

第五章　荐蔡泽范雎辞相　展雄才人无遗恨

善辩、明智的人，我一见到秦王就会受到赏识，那时秦王肯定会收回范雎的相印转而授权给我。"范雎听他如此大言不惭，说道："三皇五帝的历史，诸子百家的学说，我无所不知无所不晓。现在有名的辩士也被我摧败了不少，这蔡泽究竟是何许人也，能使我为难并夺走我的相位？"于是范雎派人把蔡泽找来。

蔡泽见范雎时只作了一个揖。范雎本来就不高兴，这时看他又挺傲慢，更加厌烦他，就说："你曾扬言说要取代我的相国一职，有这话吗？"蔡泽说："有。"范雎说："那请你说出你的想法。"蔡泽说："春夏秋冬四季更替，成败荣辱纷至沓来，这都是很自然的，不是吗？"范雎说："确实。"蔡泽说："人活在世上，肌肉结实，手脚麻利，耳聪目明，智慧超群，这不是人最大的愿望吗？"范雎说："确实。"蔡泽说："以仁为本，主持正义，推行公道，广布恩泽，实现人生理想，受到天下人的拥戴，这难道不是明智通达之人的期望吗？"范雎说："确实。"蔡泽说："自己健康长寿，富贵显荣，在平治天下时，遵循规律，恪尽职守，使匹夫匹妇各得其所，使后世人提起自己时赞不绝口，继承自己的事业，并发扬光大之，使自己名实相符，广布恩泽，名垂青史，这恐怕是圣人所说的'立德、立功、立言'三不朽的境界吧？"范雎说："的确如此。"

蔡泽说："一个人身体健康，理想得以实现，自己的理论主张得以推广，就应该急流勇退，知足知辱，颐养天年，把自己最辉煌的功绩留给世人，这才是有大智慧人的想法。至于说秦国的商鞅、楚国的吴起、越国的文种，他们的结局恐怕不是世人所希望的吧？"范雎知道蔡泽想趁自己困窘时说服自己，就故意出难题，说道："能做到这三个人的程度有何不可？商鞅侍奉孝公，忠心耿耿，因公废私，对罪犯严惩不贷，

远交近攻

赏罚分明，能把好的政策落到实处，披肝沥胆，任劳任怨，为了国家强大，不惜欺骗自己的老朋友魏公子卬，让秦国拓展千里土地。吴起侍奉楚悼王（吴起和西门豹等人侍奉过魏文侯。魏文侯死后，吴起来到了楚国，就在楚悼王时实施"吴起变法"）时，使私利不能妨碍公家，谗言不能大行其道，说话办事丁是丁卯是卯，不采取苟且偷安、随声附和的态度，为实现理想奋不顾身，不因为有危险就改变初衷，不为别人的毁誉所左右，为了国家富强，不避祸患，让人敬仰。文种服侍越王勾践的时候，虽然越王困顿不堪，可他丝毫没有懈怠，竭尽忠诚。越国都快亡国了，他还是不离不弃，后来成功了富贵了，也没有丝毫的骄傲。这三个人都是忠义双全的楷模。因此说，君子为了正义事业，可以视死如归，宁为玉碎，不为瓦全。活着受辱不如死得光荣。士人应当为了名节杀身成仁。只要是为了正义，即使死了，也一点儿不遗憾。你怎么说不能做这三个人呢？"

蔡泽说："君主贤明有道，臣子贤良忠正，这是国家的福分；父慈子孝，夫信妻贞，这是家庭的福分。因此说，比干忠贞，可惜被商纣王剖开胸膛，他的忠贞没有挽救商朝的灭亡；伍子胥有智谋，可惜被吴王夫差赐死，他的才智没能阻止吴国的覆灭；晋太子申生孝顺，可惜还是让父亲晋献公逼死，他的孝顺没有避免晋国的大乱。比干、伍子胥、申生都是忠臣孝子，可都没有使国家避免灭亡大乱，为什么呢？因为没有贤明的君主和慈爱的父亲听从他们的建议。商鞅、吴起、文种作为人臣，没什么错，犯错的是他们的君主。因此世人说，这三人虽然成就了功名，可惜不得好报。但是人除了建功立业，难道不是也追求尽善尽美吗？性命与名声都能保全的，是上等；名扬后世而生命夭折的，是中等；性命保全而声名狼藉的，是下等。"范雎对此深表赞同。

第五章　荐蔡泽范雎辞相　展雄才人无遗恨

蔡泽又说:"商鞅、吴起、文种三人作为人臣,能建功立业,实现理想,是值得羡慕的。可闳夭侍奉周文王,周公辅佐周成王,也忠贞贤明。若从君臣关系来看,前三人与后两人相比怎么样呢?"范雎说:"前三人侍奉的君主比不上后两人服侍的君主贤明。"蔡泽问:"那您认为当今秦王与前三人侍奉的秦孝公、楚悼王和越王勾践相比,在慈善仁爱、亲近贤臣、任用能吏、不忘故旧方面,哪一方面更好些呢?"范雎说:"这我比较不出来。"蔡泽说:"那好,您在才智能力方面能否像他们三个,为君主排忧解难,使国家转危为安,发展生产,加强军备,使国家扬威国外呢?"范雎说:"那我比不上他们。"

蔡泽说:"那好了,您这么比较一下,当今秦王在亲信忠臣、不忘旧情方面比不上秦孝公、楚悼王和越王勾践,而您在功绩事业上又比不上商鞅、吴起和文种。即使君臣如此相得,这三人都没有得到善终,而您哪方面都不如他们,却长久地把持大权,私人财富比他们三人都多。如果不知引退,我怕您的灾祸比他们还大,我都替您担忧。俗话说,日中则移,月满则亏,物盛则衰,这是固有的规律。是进是退,是屈是伸,随着具体情况的变化而变化,这是圣人的做法。因此,国有道则仕(政治清明就出去做官),国无道则隐,不义而富且贵,于我如浮云(不取不符合道义的财富与尊位)。如今您冤仇得到报复,恩德已经报答,自己的政治纲领也得以实施,心愿已了,可还是贪恋眼前的利益,没有退让,我私下认为您这样做是不行的。圣人认为人要节制欲望,向人索取要有度,要知道适可而止、中庸之道,这样才不自满、不骄横,说话办事符合道义,才能被人效法。当年齐桓公九次召集诸侯会盟,主持了天下正义,可在葵丘会盟时,他稍稍显露出骄傲自满的神色,就有几个国家背弃盟约,认为他这个盟主不够格。吴王夫差自认为天下无敌,看轻了众

远交近攻

人,不断穷兵黩(dú)武,结果国灭身亡,这都是因为他们自恃强盛、不顾道义、不知谦退的结果啊!商鞅替秦孝公申明法令,制定国策,奖励耕战,使秦军纵横天下,建立了不世功勋,可惜最后被车裂而死。再说一下身边的,白起战功赫赫,为秦国立下汗马功劳,特别是长平一役,摧败其他诸侯的战斗意志,他一共攻占了七十余座城池,结果还是被逼自杀。吴起为楚悼王立法,裁汰冗员,精简机构,移风易俗,发展经济,使楚国国富民强,威震天下,可是最后被肢解了。文种为越王勾践深谋远虑,招贤纳士,二十二年如一日,终于辅佐越王勾践灭掉了吴王夫差,但结果还是被杀。这四个人都是因为不知道功成身退、鸟尽弓藏的道理,所以才遭遇横祸。我听说,鉴于水者见面之容,鉴于人者知吉与凶。《尚书》上说,成功的名望,不能长久拥有(成功之下,不可久处)。高处不胜寒呀!有这四人作为样板,您决定如何选择呢?您为什么不在这个时候主动让贤呢?退到自己的领地过悠闲自在的生活,还保留清廉谦让的好名声,这和重蹈那四个人的覆辙相比,哪个更好呢?如果婆婆妈妈,不做决断,肯定要招来和那四个人同样的灾祸。《易经》上说'亢龙有悔',腾空高飞的龙一定后悔,这是说,人能上不能下,能伸不能屈,能进不能退。希望您好好考虑一下。"

范雎说:"好。我听说不知克制自己欲望的人,最后会掉入深渊难以自拔(《史记》原文:欲而不知足,失其所以欲;有而不知止,失其所以有),您的教导,我会铭记于心。"范雎于是把蔡泽尊为贵宾。

过了几天,范雎对秦昭王说:"我新结识了一位宾客叫蔡泽,这人极其雄辩,对古往今来的政策利弊了如指掌,可以让他参与政务。我见过的名人多了,可包括我在内,都比不上他,希望您能接见他。"

秦昭王于是召见蔡泽,相谈之下,十分高兴,聘为客卿。范雎趁机

第五章 荐蔡泽范雎辞相 展雄才人无遗恨

以生病为借口,要归还相印。秦昭王硬要挽留,可范雎说病势凶猛,可能不久于人世了,于是秦昭王任命蔡泽为秦相,并且听从他的谋划,把周王室收服了。此事发生在秦昭王五十二年(公元前255年)。

蔡泽担任了几个月的秦相,有人厌恶他,在秦昭王面前进谗言。蔡泽怕被杀,也托病辞去了相位,被封为纲成君。后来,他接连侍奉了秦孝文王、秦庄襄王和秦始皇。

司马迁评论道:韩非子说长的衣袖有助于增加舞蹈的美感,有雄厚资金的人好做生意(《史记》原文:长袖善舞,多钱善贾),这话可太对了!范雎、蔡泽是当时公认的有口才的辩士,可是他们周游列国时头发都快白了,也没有被赏识,并不是他们的想法不好,而是他们说服力不够。但他们二人旅居秦国后,却相继取得高位。事情的成功,和个人能力的强弱有极大关系。然而士人也需要机遇,很多有才能的人都和这两人的前期相似,但因为没有机会,最后难以完成心愿,这样的人不是太多了吗?但这两人若不是受到艰难困苦的磨砺,又怎能激起他们的斗志,最后脱颖而出呢?

"范雎入秦"与"商鞅入秦""张仪入秦"有许多相似的地方。范雎与张仪都是魏国人,商鞅是魏惠王时代国相公叔痤的门客,这三个人都是在本国不得志才投奔秦国的,所以秦、魏两国的优劣大家一看便知。范雎与张仪都具有悲剧色彩。范雎是被莫须有的通敌卖国罪打得半死,而张仪只是因为贫穷就被人怀疑偷东西,也被打得满脸开花,在自己不知情的情况下,到赵国后又被苏秦羞辱一顿。这两个人都是带着一股不达目的誓不罢休的狠劲来到秦国的,果然都完成了心愿。但商鞅、张仪、范雎这三个人的历史地位不同。商鞅是一位影响深远的政治家,而张仪与范雎仅是有作为的政客。张仪的"连横政策"与范雎的"远交近

远交近攻

攻"都有影响力，但远不及商鞅变法的影响力。

有人认为范雎是一个心胸狭窄的政客，主要是从他对待政敌与仇人的态度上评价的。话不能这样说，他若连芝麻绿豆大小的仇怨都不放过，那他是心胸狭窄，但是辱须贾、抓魏齐，这还得分析一下。须贾无中生有告范雎一状，魏齐也不核实情况，把范雎抓过来就打，这就很不对了。后来，魏齐又把范雎扔到厕所里，这也算了，但不能再往他身上撒尿呀！这就太过分了。有些侮辱，没有亲身经历过，很难体会当事人的心情。

有关范雎在秦国时的成败得失及最终结局，请参看本系列丛书之《秦史之谜》《长平之战》。

李斯列传

燃除六籍忍坑儒，本欲愚人卒自愚。
若使当时甘被逐，东门牵犬叹应无。
　　　　　　　　（元）徐钧《李斯》

上蔡城边雉兔肥，满川桑枣绿成围。
东门牵犬无穷乐，谁遣君侯不早归。
　　　　　　（元）陈孚《上蔡县驿·其一》

第一章　楚小吏胸怀天下　升客卿仕途光明

假如李斯在秦始皇去世之前离开秦王朝,去海外找工作,那么无论是谁看到这个简历,都会身躯一震。

李斯的简历(简约版)

一、个人情况

性别:男

学术流派:法家

婚姻状况:已婚

籍贯:楚国上蔡(今河南上蔡)

学位:帝王之术博士后(还往后)

工作经验:在秦国至少工作37年(公元前247年至公元前210年。此为创意文案。时间截至秦始皇去世之前,非历史真实。《史记·李斯列传》记载,他死于公元前208年。《史记·秦始皇本纪》记载,他死于公元前207年)

李斯列传

通信地址：咸阳市李丞相府

二、教育经历

第一学历：荀子儒法综合大学/先秦法律学院/法学专业

第二学历：荀子儒法综合大学/青年政治学院/政治学专业

第三学历：荀子儒法综合大学/儒家王道学院/儒学专业

第四学历：荀子儒法综合大学/艺术研修学院/文学专业、书法专业

三、人生格言

淡泊名利要分两步，先取得名利，然后再开始淡泊名利，否则就是给自己的不得志找借口

四、自我描述

具备综合能力：策划能力、执行能力、抗压能力、学习能力、创作能力、语言能力

五、工作经历

1. 大秦帝国秦始皇一统天下大事业群　秦始皇二十六年（公元前221年）至秦始皇三十七年（公元前210年）

职位：廷尉（秦始皇二十六年明确记录）/左丞相（秦始皇三十四年明确记录）

职位描述和项目经历：

● 大秦帝国实现一统天下后各项政府管理和国家品牌升级工作

● 参与建设和完善皇帝制度、三公九卿制度、郡县制度

● 大秦帝国政府端产品升级

第一章 楚小吏胸怀天下 升客卿仕途光明

- 政府各项标准化公共产品的策划与实施
- 统筹全国各项政府计划和资源配置

2. 秦王嬴政兼并天下事业群 秦王嬴政九年（公元前 238 年）至秦始皇二十六年（公元前 221 年）

职位：客卿/廷尉

- 参与或主持兼并天下的工作，用十年时间灭掉六国
- 筹划兼并天下事业群的各项事宜，路演、审计、资产管理、人事调整等

3. 大秦王国吕不韦执政事业群 秦王嬴政元年（公元前 246 年）至秦王嬴政九年（公元前 238 年）

职位：吕不韦门客/郎官/长史/客卿

- 担任吕不韦门客，因为才能出众，被推举为秦王嬴政的郎官（政府职位）
- 因为提出的兼并天下的策划案受到肯定，被任命为长史（政府职位）
- 在实施策划案的过程中，因为"金钱收买+军事征服"的方针执行到位，被任命为客卿（被重用前的标志性职位）

六、个人作品

1. 书法作品

《仓颉》（据《汉书·艺文志》：《仓颉》七章者，秦丞相李斯所作也；《爰历》六章者，车府令赵高所作也；《博学》七章者，太史令胡母敬所作也）

2. 文学作品

- 《谏逐客书》
- 《上督责书》
- 《言赵高书》
- 《狱中上书》

李斯列传

3. 其他作品
- 《泰山刻石》
- 《琅邪刻石》
- 《会稽刻石》

李斯一生的功过与秦始皇是密不可分的。李斯无疑是一个有战略眼光（在没有"利令智昏"的情况下）和实际操作能力的杰出人才。他的政治观点深深影响着秦始皇，进而深刻地影响了中国历史。他雄辩滔滔，是苏秦、张仪一类的纵横家。他才华横溢，为通行汉字的前身——小篆的发展出力颇多。同时，他又是崇尚实干、注重实际的法家代表人物。但在历史定位上，很多人认为他的政治操守有问题，诟病他。

李斯到底是个什么样的人呢？

李斯是楚国人。在秦国发展史上，许多杰出人才都不是秦国本地人，而是来自他国。百里奚、蹇叔（秦穆公时的"二相"）、商鞅（秦孝公时的大改革家）、张仪（秦惠文王之相）、范雎（秦昭王之相）等人，都是在他国不得志，最后在秦国得以施展抱负的。正是秦国丰饶的"政治土壤"，才培育出了一个个政治明星。这也是秦国能由小变大、由弱变强的重要原因。

李斯年轻时，在家乡楚国只是一个默默无闻、中规中矩的小官吏。他注意到，"办公大楼"厕所里的老鼠吃着脏东西，每当人或狗走近时总是担惊受怕的；而仓库里的老鼠，吃着粮食，住在宽敞的大屋里，完全不受人或狗的侵扰。于是，李斯感叹道："一个人贤能与否，就和这老鼠一样，就看处在一个什么样的环境里罢了。"他有了改变生活环境的动力。这就是他的"老鼠哲学"。

第一章　楚小吏胸怀天下　升客卿仕途光明

李斯后来践行的是法家思想，但刚开始他与法家代表人物韩非子向战国末期儒家学派代表人物荀子学习的是帝王之术（统治天下的理论和策略）。毕业以后，他认为楚王难以成就大事，韩、赵、魏、齐、燕五国也很弱小，无法实现自己建功立业的抱负，于是，他想到秦国去。

临行前，李斯对老师荀子说："我认为遇到机会就要牢牢抓住。如今是列国争雄之时，游说之士可以掌握权柄。如今秦王想吞并天下，成就帝业，这正是说客投奔秦国的最好时机呀！处于卑贱地位而不采取行动去努力争取的人，就好像只有看到现成的肉才会张嘴吃的禽兽一样，缺少主动性。这样的人只有人的表象，实际上是没有志气、没有本领的。这种人处于卑贱困苦的境地，没有能力改变命运，但嘴上总不服软，愤世嫉俗，说自己淡泊名利，与世无争，摆出一副孤芳自赏的清高模样，其实这不是他们的真情实感。因此我认为，最大的耻辱莫过于地位卑贱，最大的悲哀莫过于穷困潦倒（《史记·李斯列传》原文：故诟莫大于卑贱，而悲莫甚于穷困。久处卑贱之位，困苦之地，非世而恶利，自托于无为，此非士之情也）。我要奋斗，我要抗争，我要改变现状，我不想因贫贱而让人看不起，所以我要西行入秦寻求个人发展。"

李斯到达秦国的时候，秦始皇的父亲秦庄襄王刚去世。秦始皇的太爷秦昭王在位五十六年，爷爷秦孝文王在位三天，父亲秦庄襄王在位三年左右。李斯到秦国时，秦始皇刚刚继位，才十三岁。而秦始皇的父亲秦庄襄王能够继位，完全是大商人吕不韦散尽家财、积极运作成功的。

这时秦庄襄王去世，秦始皇年幼，国家大权都集中在秦相吕不韦的手里。

李斯成了吕不韦的门客。吕不韦认为李斯有才，就让他担任秦始皇的侍从人员。这样一来，李斯就有机会接近权力中心了。他对秦始皇

李斯列传

说:"等待观望的人常常失去大好机会。一个能做大事的人,在有可乘之机时绝不留情。当年秦穆公称霸时,终究没有吞并天下,那是因为时机不成熟,周朝尚没有完全衰落,春秋五霸还都要把尊王攘夷的口号挂在嘴边,这些人都得推崇周王室。自秦孝公以来,周王室日益衰弱,诸侯互相兼并,如今函谷关以东只剩六个国家。自秦孝公以来已有六代秦君励精图治,如今六国就好像秦国治下的郡县一样。以秦国的强大、您的贤明,消灭六国就像扫除灶台的尘垢一样容易。成就帝业,一统天下,现在正是千载难逢的机遇呀!如果不趁热打铁,等到六国再次强盛,并且团结一心,那时就算再有雄韬伟略,恐怕也难以济事了。"秦始皇深表同意,升李斯为长史(设于丞相、大将军等府中,类似于现在的"秘书长"),并且着手实施吞并六国的计划。

秦国派间谍带着金银珠宝游说诸侯,在六国之间制造矛盾与摩擦,并让它们都与秦国友好。秦国对六国中能影响政策走向的知名人士或实权人物投其所好,喜欢美女金钱的,就发射糖衣炮弹;不能收买拉拢的,就派刺客刺杀。在扰乱了六国的战略部署与国家关系以后,秦国就派出得力干将进行军事攻击。秦始皇任命李斯为客卿。"客"有客人的意思,指外国人。"客卿"是指有实权的外国专家。

正在李斯踌躇满志准备大干一场时,秦国发生了一起"排外事件"。其实从秦孝公时代开始,秦国本地的王公贵族就非常敌视从别国来的有才干的人,认为这些人夺走了自己的恩宠与就业岗位。为了个人的利益钩心斗角,这种事古今一辙。

秦国共修建了三个大型水利工程,一个是都江堰(在秦始皇太爷秦昭王时代),它是集防洪灌溉于一体的成都平原水利工程;一个是郑国渠(此渠是著名水利工程,始建于秦始皇即位当年,即公元前 246 年,历时十余年建成，渠长三百多里，可灌田四万余顷。现今的泾惠渠就是以郑国渠为基础改造的)，它是打通关中平原的水利大动脉；一个是灵渠，它是为了进攻南方少数民族而修建的(在秦始皇称帝之后)。其中，郑国渠是以水利工程师郑国冠名的。郑国是韩国人，也是一个口才杰出的人物。当时秦国攻打韩国太急了，韩国决定实施"疲秦计"，派郑国劝服秦相吕不韦修建一条水渠，基本贯穿关中平原，想以此耗竭秦国实力并转移秦人的视线。郑国成功说服了吕不韦，但在实施修建计划几年以后，秦人发现了郑国的真实目的，就想杀死郑国。郑国劝秦人不要意气用事，工程既已开工并取得了极大进展，不如修完算了。最后秦人听从了他的意见。

后来的事实证明，郑国渠的修建其实是不折不扣的"强秦计"。但在发现郑国阴谋的时候，秦国朝野一片哗然。秦国宗室贵族带头进言道："这些来秦国游说的人，大多是为各自国君进行间谍活动的，应该把他们一律驱逐出境。"这是想用"一刀切"的方式赶走外国专家。其前因后果，详见本系列丛书之《秦史之谜》。

李斯也列在被驱逐的黑名单上。

一颗正在冉冉升起的政治明星难道就要这样陨落吗？

第二章　谏逐客声名鹊起　助秦皇统一海内

在局势的逼迫下，李斯写了一篇流传至今的名作《谏逐客书》（这篇文章也被收录进了《古文观止》）。

李斯上书道："听说王公大臣们建议驱逐客卿，我私下认为这就错了。当初秦穆公求贤若渴，任用的由余、百里奚、蹇叔、丕豹、公孙支分别来自不同的国家。这五人都不是秦国人，但是秦穆公任用他们成就了霸业。秦孝公任用商鞅变法，移风易俗，致使国富民强，拓展土地千里，使秦国稳定繁荣。秦惠文王任用张仪，推行连横政策，破坏六国的合纵图谋，使秦国疆域空前广大，影响至今犹存。秦昭王任用范雎，远交近攻，吞并诸侯，堵塞了权贵以权谋私的路径，扩大了公家的权力，使秦国成就了帝业。这四位国君都是依靠外国专家才建成不世奇功的。由此可见，客卿并没有对不住秦国呀！假使四位国君没有接纳四海贤士，疏远人才，那么秦国肯定没有像现在这样名实相副的强大，这是显而易见的。

第二章 谏逐客声名鹊起 助秦皇统一海内

"现在陛下得到的美玉、明珠、宝剑、良马、旗鼓等物都不是秦国的特产,而您十分喜欢它们,为什么呢?如果非得要秦国出产的才行,那么现在让您赏心悦目的、一切非秦国出产的东西都不应该出现在秦国宫殿里,而您却对这些器物情有独钟,这是为什么呢?您对器物如此偏爱,对人却大相径庭,不论是非,不问曲直,凡是客卿都要驱逐,这样做给人的印象是只看重美色、器乐、珠玉,而对国家真正的宝藏——人才,却弃之不顾,这样做可不是用来统辖诸侯、拥有天下的策略啊!

"我听说幅员辽阔粮食就充足,国家强大人口就众多,军队强盛士卒就英勇。同样的道理,泰山不拒绝微小的土壤,才能成就它的巍峨耸立;大海不拒绝细小的河流,才能成就它的浩瀚无垠;王者不拒绝投归的民众,才能成就他的广阔胸怀(《史记·李斯列传》原文:臣闻地广者粟多,国大者人众,兵强则士勇。是以太山不让土壤,故能成其大;河海不择细流,故能就其深;王者不却众庶,故能明其德)。因此说,地不分东西南北,人不分男女老幼,要一视同仁,这样才能鬼神降福,万物和谐,这是古代圣王之所以无敌于天下的原因。如今秦国想抛弃民众,以此来资助敌国;拒绝客卿,让他们去服侍他国,使天下贤才对秦国望而却步。这就是借给敌人兵器与粮食,授人以柄使之屠害自己的行为啊!并非只有秦国的特产才是宝物,并非只有秦国的民众才对秦国忠诚。如今您想要驱逐客卿来增加敌国实力,拒绝投归的百姓来资助敌国,使得国内空虚而在外广树敌人,这样做又想让国家稳固,是不可能的。"

李斯劝秦始皇,要想成就大功业,先要有海纳百川的气度、高瞻远瞩的眼光。

秦始皇认可了李斯的观点,并且很受感动,就恢复了他的官职,并且采用了他敞开胸怀、拥抱天下的主张。

李斯列传

十余年后,秦始皇统一六国,李斯也由主管全国司法的廷尉升至秦相。秦始皇采纳李斯的建议,采取了一系列巩固国家政权统一的措施,车同轨,书同文,统一度量衡,全国设立三十六郡。秦始皇确立"皇帝"称号,把各郡县的城堡拆除,让地方势力无法据守作乱,把天下兵器收集到秦国都城,铸成十二座金人,表示以后天下太平了。

李斯是郡县制的拥护者。为了防止再出现春秋五霸、战国七雄的局面,秦朝没有效仿周朝分封宗室贵族和有功之臣的做法,而是用郡县制以消除战争隐患。

在制定和实施国家政治纲领及规章制度方面,李斯做出了卓越贡献。至于说秦始皇死了没两年,秦国就灭亡了,这不能说当时的政治制度不好,主要是因为秦国的残暴统治激起了民众的普遍反抗。

失去民心才是根本原因。

第三章　推郡县力排众议　焚书坑灰烬未冷

秦始皇三十四年（公元前213年），秦始皇在咸阳宫大宴群臣，博士周青臣等人祝酒时把秦始皇吹捧一顿，秦始皇志得意满。

有一个齐地人淳于越进言说："我听说周朝之所以能延续千年，是因为周王室分封了功臣子弟，使这些力量成为辅助周朝王室的保障。如今您富有四海，可是宗族子弟却是平民，如果有人反叛篡权，没有辅弼朝廷的中坚力量，那时该怎么办？做事不吸取古代的教训而能成功的，我还没听说过。如今周青臣等人无视这一危险，只知阿谀奉承，想以此邀宠，这不是忠臣所为。"

秦始皇让李斯裁断这两种观点。李斯认为淳于越等人的观点很荒谬，歪曲事实。他进言道："古时候天下如同一盘散沙，没有谁能真正统一，因此诸侯并起，扰乱天下，造成了几百年的纷争。这些读书人以古非今，用虚浮的言辞掩盖事情真相，而且人总是认为自己的学说、自己的观点是正确的，先入为主，以自以为正确的个人理论为出发点否定国家的意志。如今您拥有天下，正该为天下事理的是非曲直订立统一的评判标准。而这些诸子百家学派拥护者听说朝廷颁布法律条令后，总是各执己见，以自己那套理论为准则，评论指责时事。他们面对朝廷时阳奉阴违，走在大街上胡言乱语，靠批评君上扬名立万，以标新立异为高明，煽动人心，诽谤朝廷。如果在这种混乱思潮下不采取紧急措施，那么君主的权威就要被削弱，各自为政的党团派系将要形成。禁止这种思潮泛滥成灾有益于国家安定。因此我请求，凡是藏有如《诗经》《尚书》等诸子百家著作的，都应拿出来销毁。自发布命令起三十日内不采取行动的，应处以脸上刺字的黥刑，并派到边疆去修筑长城。有知情不报的同样问罪，只保留医药、占卜、种植方面的专业书籍。若有想学习的，就跟随官吏学习法令规章。"

秦始皇采纳了李斯的意见，下令烧毁诸子百家的著作。他们想让天下人无法借古讽今。但思想怎么能禁锢得了呢？

制定天下统一遵守的法律，是从秦始皇开始的。他加快了统一文字、统一思想的步伐。李斯因为"焚书"建议让后代知识分子恨透了。这应该是他被人非议的重要污点。

"焚书坑儒"，"焚书"-与"坑儒"不是同时进行的，但同属于控制思想的措施。

"坑儒"是因为秦始皇让徐福、卢生、侯生等术士为他寻找长生不老药，徐福说要到海外仙山去寻找秘方，可一去不复返。卢生和侯生等人在黔驴技穷之时，也逃之夭夭了，临走时还把秦始皇批判得体无完肤。秦始皇听后龙颜大怒，说道："我一直很尊重他们，也给了很多赏赐，可是他们在骗了数以亿万计的金钱后却逃跑了。这也就算了，如今竟然又诽谤我，侮辱我的人格，是可忍孰不可忍。"于是他派人追查与卢生等人相关联的术士、儒生。这些人互相检举揭发，最后抓出触犯禁令的人有四百六十人。秦始皇把他们全部活埋，以警告后人。

不知做这件事是不是李斯出的主意，反正它与"焚书"是一脉相承的。

当时的李斯可谓风光无限。他的大儿子李由是三川郡郡守（治所在今河南洛阳）。他的几个儿子娶的都是秦朝宗室公主，几个女儿嫁的都是秦朝宗室公子。

有一次，他的大儿子李由回咸阳休"探亲假"。李斯大摆酒宴，文武百官都来敬酒祝贺，车骑数以千计。李斯慨叹道："哎呀！我听我的老师荀子说过，凡事不能太过分。水满则溢，月满则亏，人满则傲，要有节制。我李斯本来只是楚国的一个平民百姓，皇上不知我才识浅薄，竟然让我如此荣耀，可谓富贵至极。凡事到达顶点后，就要走下坡路了，我不知道最终的命运会怎样啊！"

李斯的这种担忧是有道理的。

秦始皇三十七年（公元前210年），秦始皇从咸阳出发，向南到达会稽山，拜祭大禹后，转而向北，抵达渤海边的琅邪（今作琅琊）。这是秦始皇最后一次耀武扬威了。李斯和为秦始皇掌管车马印信事宜的中车府令赵高跟随秦始皇出巡。

秦始皇有二十多个儿子，长子扶苏因为多次犯颜直谏，被秦始皇打发到了北部边疆，以"皇帝特派员"的身份与大将蒙恬共同监管军队、修建长城。秦始皇的小儿子胡亥最受宠爱，这次胡亥请求跟随他巡行，秦始皇答应了。秦始皇其他的儿子都留在咸阳。

这年七月，秦始皇抵达沙丘。这个地方有战国时代赵国的行宫（当年赵武灵王就是因为在立嗣问题上犹豫不决，酿成了"沙丘之乱"，赵武灵王被困沙丘宫三个月，活活饿死）。秦始皇抵达沙丘宫时病得很重，命令赵高给长子扶苏写信道："把兵权交给蒙恬，你赶快到咸阳安排葬礼，安葬我的灵柩。"书信已经封好，可还没交给使者发出，秦始皇就去世了。

知道秦始皇已死的只有李斯、赵高、胡亥和受宠信的宦官等五六人。李斯认为秦始皇是在巡行途中去世的，这时还没有被正式册封的太子，他怕过早地泄露消息，会引起皇子争权夺位的斗争，造成社会动荡，于是封锁消息。他们把秦始皇的尸体放在有窗户、可睡卧、开窗则凉关窗则温的"空调车"上，百官上奏事情和秦始皇的饮食都"正常"。因为有这几个人暗中操作，所以宦官们在"空调车"里假传命令，批准各种奏折。

在这种情况下，大阴谋家赵高把应该发给公子扶苏、盖有皇帝印玺的诏书给扣留下来了。赵高对胡亥说："皇上驾崩了，没有诏令封赏你们为王，只给长子扶苏发诏。如果扶苏到咸阳继了皇帝位的话，而您没有一寸封地，那该怎么办？"这赵高是胡亥的老师，教授胡亥法律方面的知识，两人关系密切。胡亥说："那也没办法。我听说，明君了解属下，明父了解儿子。我父亲去世，没有封赏儿子们，肯定有他的考虑，有什么好说的呢？"赵高说："不是这样。如今天下大权就掌控在您、我和丞相李斯手里，希望您好好权衡。而且让别人向自己称臣与自己向别人俯首听命，掌控别人命运与被人控制，这能相提并论吗？"胡亥知道赵高的意思。他说："废长立幼，是不符合道义的；不遵从父亲的遗命，考虑个人荣辱得失，是不孝的；德才浅薄，却要抢夺别人的君位，是不明智的。有这三种坏品行，即使勉强继位，天下人也不会心服口服的。那时自身会危亡，国家也会垮台。"赵高说："我听说商汤杀掉夏桀，周武王杀死商纣王，天下人都认为合情合理，没有谁认为他们不忠。要做大事，就要一往无前，不要怕那些琐碎无用的批评指责。各个地方的风俗习惯、各个时代的具体环境，千差万别，不可一概而论，人要有驾驭现实的能力，不要斤斤计较于细枝末节的事。不识大体必生祸害。若是狐疑犹豫，时不再来，必然后悔。果敢地拼搏，连鬼神都要让路，这样才能成功。希望您能下定决心。"胡亥叹道："如今我父亲刚刚去世，还没有发丧，怎么好与丞相谈论这事呢？"赵高说："时间啊，时机啊，转瞬即逝，就是跃马扬鞭也未必赶得上，又怎能让它从手中溜掉呢？"

赵高竭力劝说胡亥。

第四章　沙丘宫始皇归天　李丞相助纣为虐

最后，胡亥还是被赵高说服了。

赵高说："如果没有丞相的支持，这事恐怕难成。我请求您同意我去和丞相谋划这件事。"胡亥同意了。

于是赵高对李斯说："皇上驾崩前，给长子扶苏下诏，让他回咸阳主持葬礼，并继承皇位。诏书还没有发出，他就去世了，这事别人不知情。给公子扶苏的诏书和皇帝玉玺都在公子胡亥那里。谁是皇位继承人，就在您和我的掌控下，您说怎么办？"其实诏书和印玺都在赵高手里，他却故意说在胡亥那里，也是想胁迫、引导李斯往胡亥那儿想。李斯说："您怎么说这么大逆不道的话呢？这岂是臣子应该议论的？"赵高问："您自己估计一下，您才能比得上蒙恬吗？功劳比得上蒙恬吗？深谋远虑而不失误比得上蒙恬吗？受人拥戴程度比得上蒙恬吗？与公子扶苏有旧情又深得其信任比得上蒙恬吗？"李斯说："在这五方面我都比不上他，但您的话为什么说得这么重呢？"

第四章　沙丘宫始皇归天　李丞相助纣为虐

赵高说："我只是一个如同仆役的宦官，因为懂些法律条文才得以进入内宫，管事二十多年，还没见过被罢免的丞相或功臣能把爵禄传到第二代的，他们最后都被诛杀了。始皇帝有二十多个儿子，您都十分了解。长子扶苏刚强坚毅而勇武非常，能识人，能用人，继位后肯定任用蒙恬为丞相，那时您也会和其他被罢免的丞相一样有相同的命运，想告老还乡当悠闲自在的富家翁恐怕是痴心妄想，难逃被诛杀的厄运是很明显。我赵高受命教授胡亥法律知识已有几年了，没见他有什么过失。他慈善仁义、诚实厚道、轻财重士、内心聪慧、文明守礼，只是不善辞令，只做不说，那些公子谁也比不上他。他可以做始皇帝继承人。您好好考虑一下吧。"李斯说："您还是回去吧！我李斯要遵奉始皇帝遗志，听天由命。我还考虑什么呢？"

赵高说："安可转危，危可转安，这是奇妙的辩证法。一个人若是在生死存亡关头拿不定主意，那么您自以为无所不知、无所不能的智慧还有实际意义吗？"李斯说："我李斯只是楚国上蔡一个知识浅薄的小民罢了，多亏始皇帝的知遇之恩，我才得以封侯拜相，子孙也同样享有荣华富贵。始皇帝这样做是想让我感恩戴德，能够担负起安定江山社稷的重任，我怎能辜负他！而且忠臣不能因贪生怕死而逃避危难，孝子不能因环境艰险而对双亲有所懈怠，做人臣的只要安守本分就足够了（这话说得慷慨激昂，后来怎么变卦了呢）。您不要再说了，再说下去，我李斯听到都是在犯罪。"

赵高说："我听说圣人处世要因时、因地制宜，不会拘泥于死教条。他们看到事物现象就知道其本质，看到事物苗头就知道其发展趋势。凡事都如此，哪能一条道走到黑呢？如今天下大权操纵在公子胡亥的手里，我赵高想顺应这一现实。我为什么要这样决定呢？因为胡亥拥

李斯列传

有天下是大势所趋。作为外人若想制约宫廷内部事宜是作乱，作为下属若想违背上面的意愿是反叛。我不想当不识时务的人，准备顺时而动。秋霜一降万物凋零，春天来临鸟语花香，这是很自然的事情。在上位的人有所动作，我们做下属的唯有听从而已。但您为何迟迟不能认识到这层含义呢？"

李斯说："我听说晋献公因宠爱骊姬，废掉并杀死了太子申生，改立骊姬之子奚齐为太子，让大臣荀息辅佐。可大臣里克推崇公子重耳，就杀死了奚齐。荀息又立骊姬妹妹的儿子悼子为君，悼子也被里克杀死了。在公子重耳不回国继位的情况下，公子夷吾被立为晋惠公。惠公立十四年去世，其子姬圉继位为晋怀公。当时晋国大乱，秦穆公又送公子重耳回国并杀死晋怀公，使重耳成为晋文公。就是因为废长立幼，晋国三世未得安宁，这是典型的因废长立幼引发的社会动荡。其他案例不胜枚举。这些历史事件难道不让人警醒吗？我李斯若是参与这篡位的勾当（这时显得挺有操守，为何说变就变呢），还算个人吗？"赵高说："上下同心同德，事业天长地久；里外言行一致，事情绝无差错。您若听我的，可以长享荣华富贵。这是具有像孔子、墨翟两位先贤一样的智慧呀！您若是逆时而行，祸留子孙，这可真让人替您寒心呀！聪明人可以转祸为福，您究竟有何打算呢？"

李斯泪流满面，仰天长叹道："哎呀！我偏偏生于这种乱世之中。我既然不能以死效忠，就只有唯命是从了。"于是李斯听从了赵高的意见。李斯想忠贞报国、效忠秦始皇的伟大抱负被想要保住功名利禄的私心击得粉碎，道德操守没了，只剩一颗卑污的心。

李斯若不同意，胡亥、赵高的阴谋怎会得逞？

赵高向胡亥报告说："我奉了太子您的命令，丞相李斯敢不从

第四章　沙丘宫始皇归天　李丞相助纣为虐

命？"他太能吹牛了。

于是，三个阴谋家同流合污，写了一个秦始皇授命丞相李斯拥立胡亥为太子的假诏书。那个时候也不用亲笔签字，只要有印章就万事大吉了。他们又伪造了一封模仿秦始皇口气的书信给扶苏说："朕巡视天下，到名山大川祈祷神灵保佑，是为了江山永固，延长寿命。而你与将军蒙恬带几十万大军戍守边疆十余年，寸功未立，士卒反而耗损甚大。你多次上书直言，非议我的所作所为，只因不能回朝做太子，就心怀怨恨。扶苏作为人子不孝，现在赐你自裁！将军蒙恬与扶苏在一起，不能引导他走向正途，而且为他出谋划策。为人臣而不知忠君爱国，同样赐死，把兵权交给你的副手、王翦的孙子王离。"书信上面赫然盖着玉玺大印。他们派胡亥的心腹把书信送给扶苏。

扶苏看完书信，痛哭流涕，走进内室想自杀。蒙恬劝阻道："陛下在外巡视，多年没有确立太子，现在突然出现这封信，会不会是伪造的呢？陛下让我带三十万大军戍守边疆，又派您监军，这是重要职务，怎能因一个使者来到就自杀呢？谁知道这里有没有诈呢？您还是请示一下，如果确实如此再自杀不迟。"使者催促多次，就怕扶苏回过味来。

扶苏为人忠厚，认死理，对蒙恬说："父让子死，子不得不死，君让臣亡，臣不得不亡，我还请示什么呢？"于是自杀了。蒙恬不肯这么不明不白地死，使者就把他投入监狱。

使者回报后，胡亥、李斯、赵高大喜。当初他们真怕扶苏与蒙恬看出破绽，从而兴师问罪，没想到结局这么圆满，他们三人心里的石头落了地。

回到咸阳，胡亥继位，史称"秦二世"。李斯仍为丞相。赵高成为炙手可热的大内总管，即郎中令，侍奉秦二世，掌控了大权。

李斯列传

后来有一个叫屠隆的评说道："李斯违背始皇遗愿诈立胡亥，阴谋杀害扶苏，虽然是由奸险的赵高挑拨的，但也应该是李斯本来就有这个想法。"

苍蝇不叮没缝的蛋，应该是"功利思想"占据了李斯的大脑。李斯一直是秦始皇思想的践行者。"焚书"是由李斯提议的，"坑儒"恐怕他也难逃干系。他支持秦始皇加强思想控制，加强法制，强调用严刑峻法统治天下。而扶苏不同意用这种刚性的法家思想治理国家，并上书劝谏秦始皇要懂仁爱，节约民力，结果秦始皇发怒把扶苏打发到了边疆。李斯因为这事肯定耿耿于怀。反对秦始皇的立国思想，也就是不认同自己的管理理念。这样一来，李斯就认为扶苏和自己不是同路人。而胡亥跟随赵高学习法律多年，李斯肯定认为自己与胡亥会志同道合。这样一来，李斯想拥立胡亥、不想让扶苏继位的倾向就很明显了。李斯在赵高戳破窗户纸时故意扭扭捏捏，其实他心里已经千肯万肯了。他之所以说了那么多表现忠心的大话，只不过为掩人耳目、欺骗世人罢了。

扶苏自杀后，李斯大喜。这是他真情流露。他这是从执政理念上考量的。李斯拥立胡亥，更多的应该是在权衡个人得失后做出的抉择。

当然，不同的读者可以有不同的理解。

第五章　秦二世丧心病狂　上奏章火上浇油

秦二世闲着没事，把赵高找来闲聊。

二世说："人生在世如同白驹过隙，转瞬即逝。如今我已贵为天子，应该想干什么就干什么。有花堪折直须折，莫待无花空折枝。我最喜欢女人与声乐，我想最大限度地满足自己的欲望。同时我又想天下安定，百姓安居乐业，这样我就一生无憾了，不知你可有办法？"这个想吃天鹅肉的癞蛤蟆想鱼和熊掌兼得。

赵高出了一个馊得不能再馊的主意。他说："对您的观点我深表赞同，可这种境界只有'贤明'的君主才能做到，而'昏暗'的君主可望而不可即（他好像把话说反了）。我今天冒死说点心里话，希望您能稍微留意一下。我们三人的'沙丘之谋'虽然隐秘，可您的兄弟与大臣还是有所怀疑的。这些公子都是您的哥哥，大臣又都是前朝老臣重臣。如今您刚刚登位，这些人愤愤不平，我怕他们作乱。而且蒙恬拥兵在外颇有心腹，他弟弟蒙毅也占据着重要职位。我战战兢兢，唯恐这一切不得长久,您怎么能安然享受快乐呢?"二世问:"那该怎么办呢?"赵高答道:"您要使用严刑峻法镇压持不同政见的人士,让有罪的人互相牵连,对重要人物不惜收捕其家族,诛灭大臣并疏远兄弟子侄,让他们人人自危,这样他们才不敢相聚谋乱;要使贫穷的富有,卑贱的显贵,把先帝的旧臣全部免职,把您提拔起来的人任用为亲信,这样他们肯定会感激您。除去了阴谋叛乱的祸害,群臣都对您感恩戴德,这样您才可以高枕而卧,为所欲为。除此以外再也没有别的好办法了。"秦二世这昏君深表同意,并且重新修订法律条文,为自己的"白色恐怖统治"制造合法性。

于是,诸位大臣及公子都被"找"出了过错,二世让赵高法办他们,杀死了蒙毅等先朝重臣(赵高以前犯罪,主管审判的就是蒙毅。蒙毅为人刚正,依法办案,判赵高死罪。后来秦始皇认为赵高能力强,而且精通法律,特赦其不死。赵高因此怀恨在心。再加上蒙氏家族是秦朝望族,靠着战功声名显赫,赵高怕不处死蒙氏兄弟,他们会重新得势,因此想假公济私,处决蒙氏兄弟。嬴姓宗室的子婴进谏说,考虑轻率的人不可授予重任,顽固不化的人难以生存,杀害忠臣而启用没有节操的人是自毁长城,可秦二世不听。蒙毅上书,列举秦昭王杀害白起、吴王夫差杀害伍子胥等历史有名冤案,为自己申诉。蒙恬也心有不甘。他说,蒙氏家族三代人对秦国都有功劳,自己带兵三十万,完全可以反抗朝廷,只是怕辱没祖先,这才想用和平手段为自己申冤。他举了周公在辅佐侄子周成王时,被人诬陷谋反,后来真相大白的事例,希望秦二世不要效仿商纣王杀害比干等无道行为,可惜秦二世不听。蒙恬最后思考自己为何是这种命运,认为是自己带人修建万里长城,挖断地脉,才会遭遇此祸。他根本没有看到事情的本质。最后他吞药自杀。此事见《史记·蒙恬列传》),斩杀了自己的十二个兄长,把自己的十个姐妹剁为碎块,把他们

第五章　秦二世丧心病狂　上奏章火上浇油

的财产都收归国有，被牵连的无辜不计其数。

秦始皇的儿女基本被杀光了，这是秦始皇永远想不到的。这个残暴无情、倒行逆施的秦二世太该死了。

秦二世有位兄长公子高感受到了血雨腥风的紧迫，想逃亡，又怕连累族人，于是上书说："父亲生前对我很好，我得到了很多赏赐与照顾。父亲去世时，我本来应该随他而去，在地下侍奉他以便报答生时的恩情。作为儿子我不孝，作为臣子我不忠。不忠不孝的人怎能在世上立足？我请求自杀后把我葬在骊山脚下，让我的魂魄能够陪伴父亲左右。我请求您成全。"胡亥收到书信后十分高兴，把它拿给赵高看，说："他这是走投无路了吧？"赵高说："这样最好。他们如果都像这样连死都顾不过来，又怎么有心思谋划反叛呢？"胡亥同意了公子高的请求，并赏赐他十万钱做丧葬费。

秦二世变本加厉，法令一天比一天严酷。群臣朝不保夕，很多人都想叛乱。秦二世又开始修建阿房宫。为了保证道路畅通，他下令开山填谷修建国家的交通要道，加上之前为修缮秦始皇陵，动用了几十万上百万的免费劳力，没钱了就加重赋税，对外战争仍然频繁，导致没完没了的兵役、徭役和赋税让人喘不过气来。在沉重的压迫下，秦朝爆发了陈胜吴广大泽乡起义。他们发出了"王侯将相，宁有种乎"的呐喊声。这声呐喊像春雷震响大地，让人们精神大振。英雄豪杰群起响应，全国性的农民起义风起云涌。起义军纷纷建立政权，反叛秦朝。

李斯知道这种情况后，多次向秦二世提出想单独进谏，但总是被拒绝。秦二世反而责备李斯说："我知道你想劝我不要贪图享乐云云，这是老生常谈了。我听说尧做帝王后，宫室简陋，粗糙得赶不上旅店，吃粗粮，喝野菜汤，穿旧皮袄，即使看门人的生活，也没有他寒酸哪！大禹为了治水,三过家门而不入,长年在外奔波,没日没夜,长年的劳累使他腿上的汗毛都掉光了,手脚长满老茧,面色黝黑,形容憔悴,最后累死在了外面,即使仆役,也没有他劳苦呀!难道富有四海的人都要像他们一样殚精竭虑、节衣缩食、辛勤劳作吗?没本事的人才会这么做事(*真是奇闻*)。像我这么'贤明'的人对他们的做法是不屑一顾的。贤人之所以拥有天下,就是因为能让天下人顺从自己的个人意志。那些真正的圣贤,必然能安定天下,使百姓安居乐业。如果连自己的境况都改变不了,又如何能治理天下呢?所以我想随心所欲,先改变自己的生活状况,然后再惠及百姓,这样才能永久太平,没有祸患发生。除此以外又有什么办法呢?你作为丞相,应该努力为我分忧。可是现在没见你有什么政绩,偏偏要我束手缚脚,这难道是丞相对君主尽忠的表现吗?"秦二世把李斯说得一声也不敢吱。

李斯的儿子李由镇守洛阳。吴广率领一支起义军途经洛阳向西进攻函谷关,李由未能阻止。追查李由没有阻挡住起义军的责任时牵连到李斯。秦二世责问他,身居丞相要职,为何让盗贼如此猖獗?李斯恐惧,又看重功名利禄,不知怎么办才好。最后,他在应该坚持政治操守时,道德防线再次崩溃。他写了一封奏章,曲意逢迎秦二世,想得到宽容。他像一只摇尾乞怜的哈巴狗。他两次在重大关口的退缩使自己沦为"政治奴婢"。

李斯在奏章中写道:

贤明的君主必定是能建立一套督责系统的人,而您的"高超"统治手腕正在实践着这一理论体系所确定的目标。如果实行督责,那么臣下就不敢不竭尽全力为君主服务了。如此则上下名分确立,权责分明,天下人无论贤愚都会全心全意为君主服务。因此,君主可以大权独揽而自

第五章　秦二世丧心病狂　上奏章火上浇油

己不受任何限制，能尽情享受人间乐事。您是自有君主以来最英明睿智、最懂统治艺术的"圣人"。

所以法家代表人物申不害说："拥有天下而不能尽情享有的人，是把至高无上的权力当作自身枷锁的人。"这种人为什么如此失败？就是因为不能施行有效督责之术，反而要让统治者全心全意为人民服务，这是多么荒谬啊（这种理论确实荒谬绝伦）！像尧舜禹那样的为天下百姓殚精竭虑的人，就是把君主权力当成束缚个人自由的"枷锁"了。不能大行督责之道，迫使天下人为自己效劳，不能实现申不害、韩非他们的高明法术，反而要为百姓鞠躬尽瘁，这是百姓的奴隶，不是统治天下的君主。像尧舜禹那样有什么富贵可言呢？让人服从自己，则自己尊贵别人卑贱；自己为别人服务，则自己卑贱别人尊贵，这是自古以来人所共知的道理。尧舜禹抛弃自己尊贵的身份，甘心为天下人效力，不是太无知了吗？说他们把自己的权力当作束缚自由的枷锁，不是太合适了吗？他们之所以这样失败，不就是没有用严刑峻法施行督责之术惹的祸吗？

所以韩非说："溺爱孩子的母亲会有败家子，而在严格家法下没有不服管教的奴仆。"为什么呢？因为这是能否严厉惩罚的必然结果。所以商鞅制定法令，处罚把灰烬随意倒在路边的人。乱丢灰烬是小过错，但也要施以重罚。小过尚且如此，何况犯了重罪呢？贤明的君主只有连小过都重罚，百姓才不敢轻易犯法。

所以韩非又说："平常的几尺布帛，一般人肯定会拿在手里绝不放过，而正在火炉里熔炼的金子，就是贪婪的大盗也不敢轻易夺取。"这并不是说平常人贪心，连几尺布帛都放在眼里，而大盗有高风亮节，轻视大量黄金，而是因为一碰高温熔炼的金子，就会皮脱骨烂，他才有所顾忌。这就好像刑罚一样，若没有严酷的法令，人们连几尺布帛都会偷取，而重刑就像那高温的金属溶液，让他偷他都不敢。明主圣王之所以能长处尊位、垄断天下权力，不是因为有特殊的办法，而是因为他能独断专行、严刑督责，天下人不敢轻易犯罪，这样国家就长治久安了。如今不实行简单有效的方法，却偏偏效仿慈母因迁就、溺爱而培养出败家子的愚蠢做法，这就有违圣人的理论了。不能实行圣人的督责之术，那么除了给天下人当奴仆，还能做什么呢？悲哀！实在悲哀！

若有节俭仁义的人在朝廷任职，君主随心所欲的享乐就要中止了；若有直言敢谏的人参政议政，君主任意放荡的行为就要受束缚了；若有人在全社会倡导以身作则、礼义廉耻，君主骄奢淫逸的想法就要废弃了。因此，贤明的君主总是要千方百计地排斥这三种为国为民、有独立思想的人，而要独揽大权必须任用对自己俯首帖耳的臣子，辅以严格的法律制度，没有人在耳边絮叨，没有谁来揭露短处，君主就会耳根清净，身份威重，这样统治天下就方便了。

凡是贤明的君主都会和社会主流思想背道而驰，废弃自己看不上的人，扶植讨自己欢心的人，这样他生时威望无以复加，死后也能获得褒扬。因此，明君独断专行，不会大权旁落，然后杜绝施行仁义的主张，掩盖自己的短处，避免社会上出现个性解放的思潮，实行愚民政策，让耳聪目明、知晓事理的人不见天日，这样君主就可以全凭个人主观愿望行事，而没有谁敢违背他了。只有这样，才可以说把握了申不害、韩非的法家理论和商鞅法学思想的精髓。君主能做到这些而天下混乱的，我还没听说过。因此说，统治之道，简易而容易操作，但只有贤君才能游刃有余。

做到这些可以说督责之道形成了，则臣下无异志；臣下无异志，则天下安稳；天下安稳，则君主就有至高无上的尊严；君主显贵，则督责

第五章 秦二世丧心病狂 上奏章火上浇油

之道更能严格执行;督责之道得以施行则凡事都会得偿所愿;事事遂心则国家富强;国家富强则君主更能纵情享乐了。因此说,督责之道形成,就会事事如意,群臣和百姓都忙着改正自己的失误以免触动刑法,又怎么会去图谋造反呢?如此您的帝王之术形成了,即使申不害、韩非再生,也比不上您的万分之一了。

奏章递上去后,秦二世非常高兴,于是秦朝对臣民责罚得更加严厉,苛捐杂税多如牛毛。官吏们谁更狠,谁就更有政绩。秦二世还表扬酷吏道:"你们是能准确贯彻我执政理念的国家柱石。"路上行人有一半是受过刑罚的。被处决的死人堆满街市,杀人多的官吏都是"忠臣"。

这篇奏章是李斯为了保命的违心之作。他曲解法家思想以迎合秦二世。从这一点来说,他作为丞相是无耻的。在这里我们也可以看到商鞅

◎李斯的A面与B面

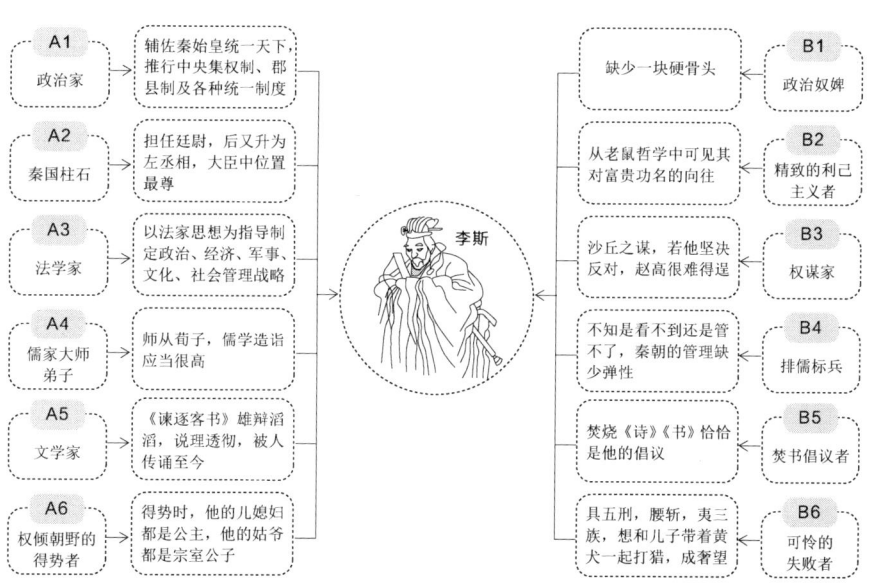

的法令确实太严酷。罚不当罪虽然可以让人畏惧，但这种法令肯定难以长久执行下去。

秦二世时代是秦国及秦朝长期积累的矛盾的总爆发期。商鞅有法可依、有法必依、执法必严、违法必究的执政方针是好的，只是太严酷，也就是太过分了。

第六章　想阻拦为时已晚　国与家玉石俱焚

当初，赵高作为大内总管时，他杀害无辜和公报私仇的事时有发生。他怕有人揭发自己，就对秦二世说："天子之所以尊贵，是因为群臣只闻其声不见其人，这样才神秘。如今您太年轻，未必什么事都明了。如果您在群臣面前办公，若是在责罚与奖赏时出现差错，就是暴露短处了，就无法向天下人显示您的英明。如果您隐居深宫，让我及几个懂法令的侍从人员替您处理政事，等大臣们把奏章呈献上来时，几个人商量着办理，就会减少失误。如此一来，大臣们就不敢欺您年轻，故意用似是而非的事情让您当面出丑了。您这样就会成为被人称颂的圣主了。"秦二世听从了他的建议，就不到朝廷上接见文武百官，而是隐藏在深宫之中了。这样一来，赵高就把政事的决定权抓在自己手里了。

赵高与李斯属一丘之貉。赵高让秦二世掩盖错误，李斯让秦二世丧心病狂。有这样两个大臣，即使真正有点良知的君主，也要被蒙上双眼、掩住双耳了，也就是成了一个闭目塞听的主观主义者了。

李斯列传

李斯后来看赵高把朝政搞得实在不像话了,就劝秦二世停止阿房宫工程,稍微爱惜一下民力。赵高怕李斯会因此而揭露自己狐假虎威、玩弄权术的真实面目,为了一劳永逸,他决定除掉李斯。

赵高对李斯说:"如今天下大乱,陛下还征集大量民力修建阿房宫,而自己整天吃喝玩乐。我多次想进谏,可是因地位卑贱而怕他不听从。这种事正是您作为丞相的职责,您怎么不劝一劝呢?"李斯说:"我早就想进一步劝说他,可是皇上也不上朝,整天躲在深宫里,我根本见不到他。"赵高说:"您若真想劝谏,等皇上有时间时我通知您。"二人就这么说定了。

等到秦二世搂着女人欢乐宴饮时,赵高就派人告诉李斯说:"皇上正有空闲,您快来吧。"于是李斯就到后宫门口,递上名片请求拜见。这样一连三次,秦二世怒道:"我空闲时他不来,一到我娱乐时他必来,难道他是故意的吗?难道他是轻视我吗?"

赵高趁机说:"若真是这样可就危险了。丞相参与了'沙丘之谋',他自以为对您有功。如今您已成皇帝,而他仍然原地踏步。他如今故意为难您,是想向您邀功。他恐怕想裂土封王。您若不答应,他还会向您示威。您不问我,我还不敢说。还有一件事,我憋在心里很久了。李斯的大儿子李由镇守洛阳,而大盗陈胜是李斯在楚国的同乡,不知他们之间是否有秘密协议,因为反贼路过洛阳时,李由只是坚守城池却不出击,双方好像心照不宣,所以陈胜等反贼才横行无忌,穿过洛阳向函谷关进攻。我听说他们有书信来往,只是没有抓住确切证据,不敢乱说。而且丞相为官多年,根深叶茂,权势比您都大,这些事不可不防。"秦二世深以为然,想惩办李斯,又怕他通敌的消息不准,就派人去洛阳调查李由与陈胜勾结的证据。

第六章 想阻拦为时已晚 国与家玉石俱焚

◎李斯与赵高的几番较量

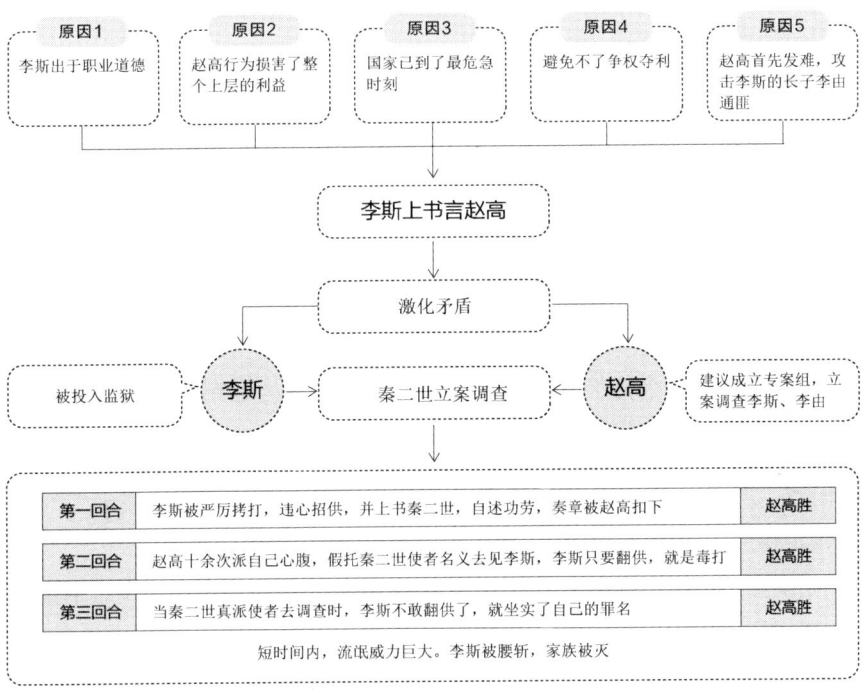

赵高可真够狠的,借刀杀人。

李斯听说后,知道自己被赵高出卖了,就想去辩解。可秦二世却在宫中看摔跤和杂技表演,李斯见不到他。李斯知道这种事越早辩解清楚越好,于是就采用上奏章的方式。

他上书揭露赵高的短处说:"我听说,臣子若与君主势均力敌,国家就要危亡了;妻妾若与丈夫平起平坐,家庭就要混乱了。如今有人在您身边独揽赏罚大权,狐假虎威,与您的权力不相上下,这样对国家就有害了。古往今来,有许多乱臣贼子都是因为行使奖罚大权,以公谋

李斯列传

私,收取名誉,所以最后篡权夺位。这样的案例不在少数,您肯定熟稔这些故事。如今赵高有邪恶的本性、反叛的行为,您若不加控制,恐怕要酿成大祸了。"

秦二世说:"您怎么乱讲呢?赵高原来是宦官,然而很有操守,不因为安逸而任意胡为,不因为危险而改变忠心。他廉洁奉公、与人为善,因为足够忠诚而得到提升,因为讲究信义而得到爵位,我认为他是大大的好人,您却诽谤他,为什么呢?而且我年纪轻轻就失去父亲,无依无靠,也无知无识,不懂治国之道,而您又老了,我若不依靠赵高,又信赖谁呢?赵高精明能干,遵纪守法,知晓民情,合我心意,是我的左膀右臂,您怎么能怀疑他呢?"李斯说:"不是这样的。赵高本是卑贱的小人,不懂道理,只会溜须拍马。他贪得无厌,图利不止,擅作威福,欺上瞒下。他欲壑难填,所希求的恐怕不只是臣子的地位,所以我说他危险。"

秦二世对赵高深信不疑,怕李斯杀了他,就把李斯的话原原本本地告诉了赵高。赵高说:"丞相只顾虑我赵高一人而已。他看我忠心耿耿,心怀嫉妒,这才恶语中伤。如果我赵高死了,他恐怕能做出叛乱的事情来。"于是二世说:"我把李斯交由你来查办吧。"

赵高开始审讯李斯。李斯被捆绑着双手,关在监狱里。李斯仰天叹息道:"唉!悲哀呀!无道的昏君,我怎能真心为他谋划呢?当年夏桀杀死关龙逢,商纣杀死比干,吴王夫差杀死伍子胥,难道是这三人不忠诚吗?不是。可他们最后难免一死,都是因为把忠诚献错了对象。我的智谋比不上这三位贤臣,而二世的残暴无道却胜过夏桀、商纣和夫差。如今我因尽忠而死,真是活该!这二世为人做事可真是乱来呀!他为了坐稳江山,杀忠臣、害贤良、戮兄弟、亲小人、修建阿房宫、残虐百

第六章 想阻拦为时已晚 国与家玉石俱焚

姓、横征暴敛，罪恶罄竹难书。我也极力劝谏，可他不听从我的呀！古代帝王，饮食有节、做事有度，凡事都能先考虑百姓的利益，所以国家长治久安。如今他屠杀兄弟，不顾念罪孽；诛杀忠臣，不考虑后果；穷奢极欲，不考虑百姓。这三件事一做，天下反叛了。如今起义军已占领半壁江山了，可是他还不觉悟，只相信那个阴险毒辣的赵高。我肯定能看到起义军攻破咸阳、横行无忌的景况。"

他现在知道后悔了。他最大的错处是违心拥立胡亥。如果扶苏继位，以扶苏的为人，即使他的丞相之位不保，也会被尊重，怎能成为阶下囚呢？

谁让他贪图荣华富贵呢？他不是还称扬秦二世的"督责之术"高妙绝伦吗？如今怎么知道关心老百姓了呢？天作孽，犹可恕；自作孽，不可活。李斯又能怨谁呢？人世间的灾难大都是自己一手造成的。

秦二世了解到李斯的怨恨后，派赵高加紧审理李斯的案件，要定出他的罪名。最后赵高认为还是以谋反罪起诉他最痛快，就责问李斯和他儿子李由与盗贼勾结的情况，而且收捕了他的宗族和门客。

赵高拷打了李斯一千多下。李斯忍受不了痛苦，只好违心招供。李斯之所以没自杀，是因为他自负口才出众，劳苦功高，而且确实没有谋反，他希望有机会上书或当面辩解，希望二世醒悟并赦免他。

李斯在监狱中上书说："我在秦任职三十多年了。我刚来秦国时，秦国土地狭小，人民贫困，兵士较少。我尽力做事，小心翼翼地执行命令，派遣谋臣带着金钱去游说诸侯，瓦解敌人，并且采取措施发展经济、军事，赏罚分明，收罗人才，让他们各司其职，最后在内外兼修的情况下，使秦国兼并天下，拥立始皇帝为天子，这是我的第一条罪状。辅佐始皇帝向南向北扩张领地，使秦朝宣威国外，这是我的第二条罪

李斯列传

状。积极努力团结文武百官，使他们对国家效忠，这是我的第三条罪状。建立宗庙礼法，以彰显皇帝的贤明，这是我的第四条罪状。统一文字、统一度量衡并且颁布天下，宣扬始皇帝雄风，这是我的第五条罪状。修建国家级公路，使始皇帝能周游天下，这是我的第六条罪状。减缓刑罚、轻徭薄赋，使百姓拥戴君主，恩情至死不忘，这是我的第七条罪状。像我李斯犯下这么多罪行，早就该死了。幸亏皇帝给我机会，我才能活到今天。希望您明察。"奏章递上去，赵高让人扔掉，说："囚犯怎有资格上奏？"

赵高让自己的心腹假扮成皇帝的使者前去审讯李斯。李斯以为抓住了救命稻草，赶忙翻供，把自己屈打成招的事说了一遍。他这么说后，就会又遭一次毒打。这样的经历前后有十余次。后来秦二世真派使者去盘问了，李斯以为又和前十余次一样，说实话就挨打，他决定听天由命，就不辩护，招供认罪了。赵高把对李斯的判决书递上去，秦二世看后高兴地说："如果不是赵高忠诚，我差一点让丞相欺骗了。"

当初，准备调查李由的使者到达洛阳时，李由已被曹参（据《史记·曹相国世家》）杀死了。使者回来时，正好赶上赵高把李斯打入监狱。于是，赵高随便捏造了一些李由反叛的罪证。秦二世二年七月（或在秦二世三年），按照刑法，秦二世判处李斯在街市上腰斩。

押李斯赴刑场时，他和次子被绑在一起。他回头对次子说："我想和你再牵着黄狗，一起在老家的郊外追逐野兔，还可能吗？"父子俩痛哭流涕。

李斯的父族、母族、妻族都被诛杀，真是可悲可叹！

李斯死后，赵高被任命为中丞相（所谓中丞相，一说指赵高在宫中执政，一说因赵高为中人，即宦官），一切事情都由他做决断。这时，赵高已

第六章　想阻拦为时已晚　国与家玉石俱焚

经不满足于当臣下了。他想篡权,就导演了一场"指鹿为马"的闹剧,以此来观察大臣对自己的态度,把不服从自己的大臣,要么驱逐,要么杀害。

后来,起义军的声势过于浩大,赵高再也掩盖不住了。秦二世多次责问他,他于是派自己的女婿阎乐杀死了秦二世。当时,秦二世还梦想成为平民百姓。可他若活下来,真是老天无眼了。

赵高想自己称王,可群臣都不服从。赵高无奈,只好拥立子婴为秦王。现在,秦朝的君主称号又改为"秦王"了,因为秦朝只剩函谷关以西、未统一六国前的秦国国土了。

秦三世子婴非常忌恨赵高,想铲除他。于是,在登基大典时,子婴假装生病,引诱赵高来他的官中。赵高进来后,被子婴与其子及宦官韩谈砍为肉酱,接着又被夷灭三族。

"沙丘之谋"的三个参与者都没得到好死,难道是苍天有眼吗?难道真是多行不义必自毙吗?

秦王子婴在位仅四十六天,刘邦就攻破了咸阳,子婴投降。项羽来到后,杀死了子婴,秦朝彻底灭亡。

司马迁评论说:李斯以一介平民的身份在秦国平步青云,辅佐秦始皇完成统一事业,自己也位列重臣,志愿已足。李斯曾经在大儒荀子的门下学习,应该知道仁义德政的重要性。可他不努力修明政治来弥补皇帝的过失,却看重名禄爵位,对始皇帝逢迎苟合,对百姓采用严刑酷法来管理,听信赵高的花言巧语,杀死扶苏拥立胡亥,这本身就是倒行逆施。等到全民反叛时他才想劝谏,不是太晚了、太荒谬了吗?人们普遍认为李斯尽心尽力,因尽忠而死,十分可惜。可是考察他的事迹,我认为他是为虎作伥、玩火自焚。正是因为他自己毫无原则立场的懦弱性格，才造成了他的悲剧。我的观点与世俗不同。否则，李斯的功业可以比得上古代圣贤了。

  李斯，醒悟得太晚了。